Myat Ei Ei Aung

Wenn du jemand ohne Lächeln siehst,

gib ihm deines

Myat Ei Ei Aung

Wenn du jemand ohne Lächeln siehst, gib ihm deines

Sprichwörter und Lebensweisheiten
aus Myanmar

&

Kleine Einführung
in die buddhistische Lehre

KernVerlag
Regensburg

Wenn du jemand ohne Lächeln siehst, gib ihm deines
Myat Ei Ei Aung

1. Auflage 2015
KernVerlag – Regensburg
© Heyse-Stiftung
Fotomechanische und
elektronische Vervielfältigung
nur mit Genehmigung des Verlags.
Druck und Bindung in Europa

ISBN: 978-3-934983-72-4

Besuchen Sie uns im Internet:
www.kernverlag.de

Inhaltsverzeichnis

Vorwort 9
Einleitung. 13
Sprichwörter und Lebensweisheiten 19
   Mensch und Gemeinschaft 21
   Familie 35
   Macht und Hierarchie 45
   Weisheit und Dummheit 51
   Reichtum und Armut. 63
   Erfolg und Misserfolg 67
   Mut und Risiko 75
   Stärke und Schwäche. 77
   Vertrauen und Misstrauen 83
   Sein und Schein. 87
   Herkunft 91
   Benehmen 93
   Lebenserfahrungen. 97
Sprichwörter verschiedener Völker in Myanmar . 103
Redewendungen und Orientierung von Politikern. 115

Kleine Einführung in die buddhistische Lehre .. 119
  Ausgewähltes Schrifttum 148
  Sprichwörter Burma: Literatur & Quellen. ... 150
  Bildnachweis 151
Heyse Stiftung......................... 152

Vorwort

Während des Myanmar-Aufenthaltes der Ehepaare Prof. Dr. Volker und Dörthe Heyse, Dr. Rudi und Christel Hoffmann sowie Albrecht und Christine Senfft im Jahr 2013 entstand der Gedanke, ein Buch über Sprichwörter und Lebensweisheiten aus Myanmar zu schreiben. Sie boten mir einen Deutschlandaufenthalt und die gemeinsame Arbeit an einem solchen Buch an.

Für mich ging ein Lebenstraum in Erfüllung. Ich hatte an der Fremdsprachen-Universität in Yangon Deutsch als Fremdsprache studiert und war schon jahrelang als Reiseführerin für deutschsprachige Reisegruppen tätig, jedoch nie vorher in einem der deutschsprachigen Länder gewesen.

So weilte ich auf Einladung der HEYSE STIFTUNG Menschenbilder-Menschenbildung im Jahr 2013 einige Wochen in Deutschland und wurde durch die drei Ehepaare mit unendlicher Güte familiär betreut. Die

Stiftung ermöglichte es mir, an einem Sommerkurs „Deutsch für Ausländer" der Universität Regensburg teilzunehmen und meine deutsche Sprache deutlich zu verbessern. Mein herzlicher Dank gehört den genannten Ehepaaren und ihren Familien sowie der HEYSE STIFTUNG.

In dieser Zeit wurde auch der Grundstein für das vorliegende Buch gelegt. Alle genannten Personen halfen mir dabei kreativ und mit viel Geduld und Mut-Zusprache. Ganz besonders möchte ich für die Menge der inhaltlichen Impulse und der umfangreichen Korrektur- und Lektor-Arbeiten Dörthe Heyse, Dr. Rudi Hoffmann und Prof. Dr. Volker Heyse danken.

Ich erinnere mich mit Freude, Achtung und Dank an Herrn Prof. Hla Kyaing von der Deutschsprachigen Abteilung der Fremdsprachen-Universität in Yangon und an meine dortigen Dozentinnen. Ferner gilt mein Dank Herrn Bagan Maung Maung aus Bagan/Myanmar, der etliche in diesem Buch verwendeten Fotos zur Verfügung stellte. Dadurch erhielt das Buch zusätzlichen Glanz, Sinnlichkeit und den Volks-Charakter in Bildern.

Meiner Mutter gilt mein besonderer Dank für ihr Interesse an dieser Arbeit und den freudvollen Stolz auf die Aktivität ihrer Tochter. Das Buch soll eine menschliche Brücke zwischen Myanmar und den deutschsprachigen Ländern herstellen und das gegenseitige Verständnis und Interesse bereichern.

Myat Ei Ei Aung

Yangon, Juni 2015

Einleitung

Rudyard Kipling schrieb in seinen *Letters from the East* im Jahre 1889 folgende Zeilen über Burma, das heutige Myanmar:

> *Und dann erhob sich ein goldenes Wunder am Horizont, ein leuchtendes, glänzendes Wunder, das in der Sonne erstrahlte. Es hatte weder die Halbkugelform moslemischer noch die Turmform hinduistischer Tempelbauten. Es stand auf einem grünen Hügel. „Da ist die alte Shway Dagon", sagte mein Gefährte, „dies ist Burma – und es wird wie kein anderes Land sein, das du kennst".*

Diese Zeilen könnten auch heute geschrieben sein. Wir begegnen einem Land mit mehr als tausendjähriger Geschichte und Kultur, einem Land mit steter Rückbesinnung und Pflege des ursprünglichen Buddhismus, einem Land, das versucht, eine Jahrzehnte währende Militärdiktatur mit grausamer Unterdrückung von Minderheiten und Andersdenkenden zu überwinden. Wir begegnen einer liebenswerten, gastfreundlichen und unaufdringlichen Bevölkerung und großartigen volkstümlichen und volksnahen Festen, einem Land mit ungezählten Tempeln und Buddha-Figuren groß und klein und einer malerisch anmutenden Landschaft.

Aufgrund der langen Isolation nach außen wissen wir noch sehr wenig über dieses Land. Die Zahl der Reiseberichte und Bildbände nimmt zu, die Tourismusbranche setzt zum großen Sprung an – und so ist es an der Zeit, auf eine einfache, verständliche und neugierig machende Art und Weise Informationen zur reichen Kultur dieses Landes, zu den Lebensweisheiten dieses ethnisch so vielfach zusammengesetzten Landes zu vermitteln. Und das versucht das vorliegende Buch.

Der ungarische Nobelpreisträger Albert von Szent Györgyi sagte einmal: „Eine Entdeckung macht man, wenn man sieht, was jeder gesehen hat, und dabei denkt, was noch niemand gedacht hat."

Dieses Buch von Myat Ei Ei Aung hilft den interessierten Lesern, Myanmar persönlich zu entdecken in dreierlei Hinsicht:

- *Ursprüngliche Sprichwörter und Lebensweisheiten mit kulturell-historischen Bezugnahmen und Erläuterungen.*

- *Bilder, die deutlich das Geschichte gewordene sowie gegenwärtige menschliche Leben widerspiegeln.*

- *Einführung in die buddhistischen Lebensorientierungen, die sich wiederum in Sprichwörtern und Bildern niederschlagen.*

Der Titel des Buches verspricht »*Lebensweisheiten und Sprichwörter*«. Als *Weisheit* kann die menschliche Fähigkeit, die Kompetenz verstanden werden, Zusammenhänge zwischen Natur, menschlichem Leben und Gesellschaft zu verstehen, anderen verständlich zu machen und im eigenen Verhalten konsequent zu befolgen: die Einheit von Erkennen und Urteilen, Ausdrücken und Anregen, Befolgen und Bewältigen von Herausforderungen.

Die persönlich erworbenen Lebenserfahrungen können zu Weisheiten über das Leben (allgemein) werden und sich tief in unserem Verstand verankern und das gegenwärtige und künftige Denken und Tun deutlich bestimmen.

Sprichwörter betrachtet dieses Buch mehr als kurze Sätze, die sich auf lange Erfahrungen gründen (Miguel de Cervantes), als »auf den Punkt gebrachte« Weisheiten, als »Erfahrungssätze«.

Sprichwörter können im Gegensatz zu den umfassenderen Lebensweisheiten der Kürze und großen Verallgemeinerung halber auch missverständlich erscheinen. So benötigt man nicht selten auch Hintergrundinformationen.

Sprichwörter drücken in prägnanter Form also Lebensweisheiten aus. Und in jedem Sprichwort, das im Gedächtnis und Handeln eines Volkes tiefe Wurzeln aufweist, ist etwas Weises.

Und so werden die interessierten Leser Sprichwörter entdecken, die große Ähnlichkeiten zu deutschen oder anderen Kulturen zeigen. Andererseits kann es eine Entdeckungsfahrt in eine weit entfernte Kultur sein, die uns nach dem Lesen auf einmal recht nahe erscheint und das Interesse an einer erweiterten Beschäftigung mit Myanmar mehrt.

Und wenn das Leseergebnis sich in einigen persönlichen Selbsterkenntnissen und erweiterten Lebensorientierungen niederschlägt, dann hat dieses Buch auch zu Entdeckungen über uns selbst geführt.

Volker Heyse

Regensburg, Juni 2015

Sprichwörter und Lebensweisheiten

ENJOY (SALAY)

Mensch und Gemeinschaft

Ein Mann mag tausendmal tausend Männer
in einer Schlacht besiegen, doch der tapferste
Kämpfer ist, wer sich selbst besiegt.

Burmesen finden immer einen Weg.

Wenn du jemand ohne Lächeln siehst,
gib ihm deines.

Egal was du tust oder meidest –
vergiss nie, dass du ein Beispiel gibst.

Die Welt ist voll von wundersamen Dingen,
aber ohne dich würden sie nicht viel Sinn machen.

Das Militär und die Mönche sind das
Komplizierteste.

Wenn der eine nicht will,
können zwei nicht streiten.

Aufmerksamkeit auf die Fehler anderer entspringt
immer der Unachtsamkeit auf sich selber.

Hüte dich vor Leuten, die anscheinend alles
wissen, jedoch von wenigem eine wirkliche
Ahnung haben.

Wenn die Ochsen zusammen bleiben,
hat es der Tiger schwer.

Wenn der Fuchs einen lebenden Fisch sieht,
wirft er den gegrillten weg.

In einem Boot müssen alle in eine Richtung wollen.

Lebst du in einem Fischerdorf,
wirst du bald ein bisschen wie ein Fischer.
Lebst du in einem Dorf, wo es viele Jäger gibt,
wirst du ein bisschen wie ein Jäger.

Eine Katze, die den Duft des
gebratenen Fisches nicht mag, ist dumm.

Alte Kühe wollen von ihren Kälbern
gesäugt werden.

Wenn jemand unter einem Baum
mit dichtem Blattwerk ausruht,
sollte ein anderer nicht Äste absägen.

Wer viel redet macht auch viele Fehler.

Durch ihr lautes Quaken
können sich Frösche selbst umbringen.

Einer gibt Reis und erhält dafür Tabak.

> Man gibt etwas und erhält dafür was man braucht.
> Oder: Wer keinen eigenen Sohn hat, gibt die eigene
> Tochter und erhält dafür einen Schwiegersohn.

Unter den Leprakranken ist ein
hässlicher Mensch der Schönste.

Alle Menschen sind gleich,
jedoch atmen sie unterschiedlich.

Der Affe vertreibt den Bauern.

> Die Gäste können den Gastgeber vertreiben. Oder:
> Diejenigen, die mein Land bebaut haben, weil ich es
> ihnen für eine bestimmte Zeit zur Verfügung gestellt
> habe, meinen dann, die rechtmäßigen Besitzer zu sein.

Mensch und Gemeinschaft

Spiele nicht die Harfe
in der Nähe des Wasserbüffels.

> Das Spiel wäre vergeblich, da der Wasserbüffel
> die schönen Töne nicht wertschätzen kann.
> Und: In einer Familie wird das schwarze Schaf
> Wasserbüffel genannt.

Wer beim Streiten nicht viel sagt,
kann den Streit schneller beenden
und bekommt weniger Feinde.

Es wimmelt von Menschen,
aber sie haben noch kein gemeinsames Ziel.

Wenn du das Wesen des Baumes erkennen
willst, gelangst du zur Wurzel.

> In Myanmar gilt seit alters her das Wurzel-Recht, in Deutschland hingegen die markierte Grenze zwischen zwei Feldern. Die Geschichte dazu: Zwei Bauern haben ihre Felder nebeneinander. Die Pflanzen des einen Bauern ranken mit vielen Früchten auf die Seite des anderen. Die Wurzeln der Pflanzen sind jedoch beim Nachbarn, der der echte Besitzer ist.

Eine Pflanze, die aus einem schlechten Samen
hervor wächst, wird keine gute Pflanze.

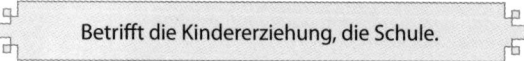

> Betrifft die Kindererziehung, die Schule.

Wer großes Ansehen hat, muss sich um
Zuwendungen und Angebote nicht sorgen.

Einer, der einen Stein wirft, sollte sehen, wohin
er ihn wirft. Und wer kopfüber ins Wasser
springt, sollte wissen, wie tief es ist.

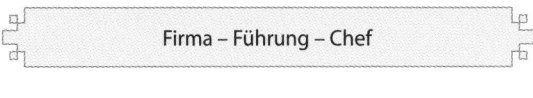

Firma – Führung – Chef

Sogar Buddha brauchte die Hilfe des Baumes,
um erleuchtet zu werden.

Jeder braucht die Hilfe des Anderen. Auch Buddha
bekam Hilfe: Schatten, Nahrung und Schutz.

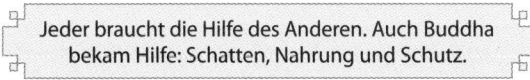

Die Kraft eines jungen Ochsen ist so,
wie die Kraft eines alten Ochsen,
der sich ein Bein gebrochen hat.

Junge und Alte: Junge gebildete und kluge
Menschen sind ebenso viel wert, wie die alten mit
ihren früheren Erfahrungen.

Manchmal muss der Drache seinen Kamm
aufstellen, um Stärke zu zeigen.

> Mitunter sollte man sich deutlich positionieren,
> damit die anderen merken, was wir können.

Wenn die Messer nicht scharf werden,
wird die Schuld beim Schleifstein gesucht.

> Häufig sucht man die Schuld des
> eigenen Versagens bei anderen.

Je höher die Sonne, desto verrückter die Leute.

> Je höher die Sonne steht, desto heißer ist es, und die
> Leute drehen durch. Oder: Je länger ein ungelöstes
> Problem besteht, desto unruhiger wird man und desto
> schlechter fühlt man sich im Vergleich zu früher.

Der Sohn, den ich auf dem Rücken trage,
ist genauso mein Sohn wie der,
den ich an meiner Brust trage.

> Der adoptierte Sohn und der leibliche sind
> gleichwertig. Und: Für den Arzt sind alle Patienten
> gleichwertig. Ein guter Chef soll alle gleich behandeln,
> sowie der Lehrer seine Schüler.

Mensch und Gemeinschaft

Der Rabe mit dem schwarzen Gefieder bringt
dem Vogel mit roten und gelben Federn Respekt
entgegen – und umgekehrt.

> Der bunte Vogel sagt: „Ich verehre dich, weil die Farbe
> deiner Federn so schwarz ist, wie die Reisschale der
> Mönche." Und der schwarze Vogel sagt: „Ich erweise
> dir meinen Respekt, weil deine Federn die Farbe der
> Mönchsgewänder hat." Oder: König und Minister – zwei,
> die sich respektieren sollten.

Unser Antlitz spiegelt sich
in der Vielfalt unserer Tempel
und in den Gesichtern der Frauen.

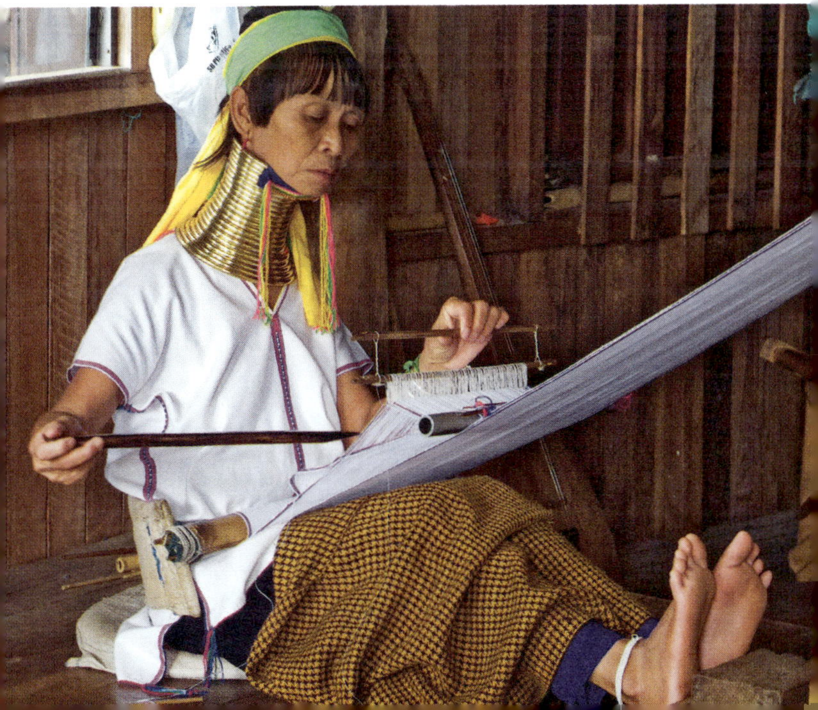

Wer in ein anderes Dorf zieht, wird reich.

> Das Heimatdorf bietet keine weiteren Chancen, der Boden ist kaputt.

❦

Manchmal ist es besser, wenn etwas nicht dem Original gleicht.

> Man soll dummen oder gefährlichen Leuten nicht helfen. Oder: in einem Märchen trägt sich folgendes zu: Ein Bauer begegnete einem Tiger. Dieser verschonte den Bauern und schlug ihm stattdessen vor, er möge ihn mit in sein Dorf nehmen. Der Bauer verweigerte ihm den Wunsch. Der Tiger ging daraufhin allein in das Dorf und zerriss einige Ochsen. Die Dorfbewohner fingen den Tiger in einer Falle. Der Bauer erfuhr davon und öffnete die Falle, um seinen Freund zu befreien. Der Tiger – von seinem Schmerz befreit – möchte nun seinen Befreier fressen. Der Bauer aber sagt: „Ich bin Dein Freund und habe dich befreit, das darfst du nicht. Lass uns Rat bei der Eule holen." Diese fragte, was passiert sei und ließ sich den Ort mit der Falle zeigen. Dort sagte die Eule, sie möchte sehen, wie es tatsächlich war, als der Bauer dem Tiger das zweite Mal begegnete. Der Tiger war damit einverstanden und ging noch einmal in die Falle. Die Eule ließ daraufhin den Bauer die Falle wieder schließen. Und dann war alles wieder wie es ursprünglich war (wie im Original).

Wer auf dem Feld hockt und kackt,
der schämt sich nicht.
Wer es hingegen sieht, dem ist es peinlich.

> Wenn ein Politiker zum Beispiel im Ausland etwas Schlechtes macht, dann schämen sich dafür die Landsleute. Oder: Junge Mädchen tragen zunehmend ganz kurze Shorts und schämen sich nicht. Aber viele, die sie sehen, schämen sich dafür.

Jemand atmet mit einer fremden Nase.

> Jemand ist abhängig und arbeitet für einen anderen (Firma, Chef). Normal wäre es, mit der eigenen Nase zu atmen.

Je größer die Zitrone, desto saurer.

> Je älter die Leute, desto unverständlicher werden sie.

Bambusdielen ohne Rahmen haben keinen Halt.

> Ohne Führung geht alles schnell kaputt.

Wer Reis bei einem anderen isst,
ist ihm verpflichtet.

> Wer mich für meine Arbeit bezahlt,
> dem bin ich verpflichtet.

Auch ein nicht so kräftiger Ochse kann
schließlich etwas leisten.

> Auch bei mittelmäßigen Schülern kann es zur
> Prüfung einen Schub geben, und sie können das
> Geforderte auch. Vor allem Jungen gegenüber vertreten:
> „Das wird schon. Keine Sorge."

Eine Made sitzt auf meiner Haut.

> Betrifft den Verrat: Ich vertraue dir, aber du bist ein
> Verräter. In der Kolonialzeit haben viele Burmesen
> ihre Landsleute verraten. Diese waren die Maden,
> die auf der Haut der anderen saßen.

Von vielen reifen Früchten am Baum
fallen die kleinen herunter.

> ...sagt man beim Tod von jungen Leuten: Es gibt
> so viele alte Menschen, aber viele junge Menschen
> müssen sterben.

Mensch und Gemeinschaft

Die Schwester der Mutter
wird von den Kindern vergöttert.

> Wenn jemand etwas oder jemanden vergöttert, der es gar nicht so verdient. In der Politik wird oft die Hilfe aus dem Ausland mehr wertgeschätzt, als die Hilfe aus dem eigenen Land. Ebenso in der Mode.

Schwimmt das Boot in zu schnellen Gewässern,
kann das Ruder brechen.

> Das Land Myanmar befindet sich im Aufbruch zur Demokratie. Dabei kann einiges kaputt gehen. „In einer eigentlich für uns guten, schnellen Zeit, geht das Wichtigste kaputt."

Familie

Ein Ehepaar ist wie Zähne und Zunge.

Der Appetit der Frauen ist doppelt so groß wie
der des Mannes. Ihre Intelligenz ist viermal
und ihre Begierde achtmal so groß.

Die Kraft der Männer liegt in ihren Armen,
die Kraft der Frauen in der Länge und Dicke
ihrer Haare.

Ein Ehemann verleiht dem Leben einer Frau
zusätzlichen Glanz, so wie ein Banner einen
Wagen prunkvoller macht.

Ein Sohn ist ein Gebieter und
ein Ehemann ein Gott.

Alte Rinder schauen nach jungem Gras,
alte Männer nach jungen Frauen.

Man kann den Löffel nicht finden, mit dem
der Reis umgerührt werden soll.

> Ein Junge und ein Mädchen wachsen als
> Nachbarkinder miteinander auf und sind enge Freunde.
> Sie wissen aber nicht, dass sie für einander bestimmt sind.
> Das merken sie erst, wenn sie plötzlich ein Liebespaar
> sind; dann finden sie den „Löffel im Gürtel".

Gute Frauen schmücken sich immer mit einer
Blüte. Sie sollten aber stets die gleiche Art
Blüten verwenden und nicht so oft wechseln.

> Mädchen und Frauen sollen sich treu bleiben.

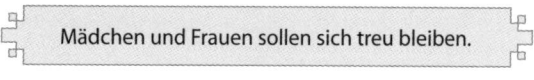

Die Frau soll nicht mit der bloßen Hand den
heißen Reis aus dem Topfe schöpfen,
sondern einen Löffel benutzen.

> Frauen sollen auf ihr Leben aufpassen und auf einen
> Partner hören. Sie sollen nicht alles allein machen.
> Heißer Reis = Leben, Löffel = Mann.

Ich möchte nicht mit der bloßen Hand in den
Reis greifen müssen (deshalb heirate ich).

Wer Glück hat, bekommt eine gute Frau.
Wer Pech hat, muss viele Erfahrungen sammeln.

Wenn eine Säule im Haus kaputt ist,
kann man sie durch eine neue ersetzen.

> Mann und Frau: Wenn ein Mann oder eine Frau in der
> Ehe gestorben ist, kann man noch einmal heiraten.

Solange eine Blume einen süßen Geruch
ausströmt, möchten alle sie in ihrem Haar
tragen. Wenn sie jedoch vertrocknet und
geruchlos ist, wird sie weggeworfen.

> Solange die Frau hübsch ist, …
> Solange jemand reich ist, …

Erst nach längerem Kauen merke ich,
dass das Essen bitter ist.

Bezieht sich auf Bekanntschaft und Ehe.

Wenn die Henne „Kikeriki" ruft,
kommt keine Morgendämmerung.

Die Frauen können machen was sie wollen,
manche Dinge kann eben nur der Mann.

Ochsen möchten das Gras in der Nähe
ihres Dorfes nicht fressen.

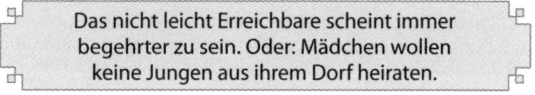
Das nicht leicht Erreichbare scheint immer
begehrter zu sein. Oder: Mädchen wollen
keine Jungen aus ihrem Dorf heiraten.

Wohin sich die Nadel bewegt,
muss auch der Faden folgen.

Blumen und Früchte neigen sich schon
zum Boden, bevor sie eigentlich
geschnitten oder gepflückt werden.

> Vorauseilender Gehorsam; jemand will schon vorher
> das machen, was vermeintlich von ihm erwartet wird
> – bevor es an ihn herangetragen wird, oder auch nicht.
> Auch: Das Mädchen muss warten, bis der Junge aktiv
> wird, obwohl es selbst aktiv sein möchte. Das Mädchen
> sollte sich nicht neigen, bevor der Junge etwas sagt.

Einen untauglichen, alten Korb kann man
zum Abfall werfen, aber Kinder, die nichts
taugen, sollen die Eltern behalten.

Die höchste Stufe der Liebe ist die Mutterliebe,
denn sie ist unvergänglich, durchdringt alles
und hält die Welt zusammen.

Kinder, die keine Eltern haben,
sind wie Fische in zu wenig Wasser.

> Schließt auch „nicht gute Eltern" ein. Und: Wer keine
> Zuflucht hat, hat im Leben Schwierigkeiten.

Wo zwei Wasserbüffel miteinander kämpfen,
ist alles Gras zwischen ihnen vernichtet.

> Wenn zwei Großmächte miteinander kämpfen,
> sind die Länder zwischen ihnen schwer getroffen
> oder vernichtet. Oder: Die Betroffenheit der
> Kinder bei einer Scheidung.

Wenn die Katze nicht zu Hause ist,
werden die Mäuse unruhig.

> Eltern verreisen, Kinder feiern wilde Partys.
> Oder: Nach der Kolonialzeit gab es in Burma
> viele politische Gruppen mit genauso vielen
> unterschiedlichen politischen Meinungen.

Auch bereits erwachsene Kinder erinnern sich
an ihre Mutter, wenn sie über Steine stolpern,
die ihnen im Wege liegen.

> Nur bei plötzlichen Schmerzen (körperlichen
> oder seelischen), Schwierigkeiten sucht man
> Zuflucht bei der eigenen Familie, insbesondere
> bei der wichtigen Bezugsperson Mutter.

Familie

Wenn die Kinder versagen,
sind die Eltern dafür verantwortlich.

Wer die Harfe schön spielen möchte,
sollte vorher das Instrument stimmen.

> Nicht zu locker, nicht zu fest. In der Erziehung:
> Nicht zu tolerant und nicht zu autoritär.

Die Baumwolle, die vorher gut mit
Steinen zusammen gepresst wurde,
lässt sich später gut verarbeiten.

> Kinder, die eine gute Schule mit sorgfältigen Lehrern
> besucht haben, gehen später einen guten Weg.
> Und: Oft für Mädchen verwendet, denen vor der Ehe von
> der Mutter gezeigt wird, wie alles erledigt werden muss,
> damit es später zu keinem Versagen kommt. – Man kann
> auch sagen: „Die Tochter von Herrn Müller ist im
> Haushalt so gut, wie lange gepresste Baumwolle".

Die Kuh saugt an den Zitzen ihres Kälbchens.

> Das sagt man, wenn die Kinder über ihre Eltern
> bestimmen – was wider die Natur ist;
> Eltern machen sich abhängig von ihren Kindern.

Ein gut zusammen passendes Ehepaar ist wie
Sonne und Mond, wie Gold und Smaragd.

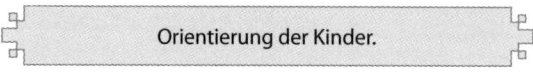
Orientierung der Kinder.

Schreiben mit den Händen,
aber wegwischen mit den Füßen.

Die Eltern wollen etwas Gutes für die Kinder
erreichen, jedoch die Kinder entscheiden
mit den Füßen (gegen die Eltern).

Du schmückst mein Gesicht mit Ruß.

Wenn ein Vogel ein Vogelweibchen liebt,
liebt er auch ihre Eier.

Familie

Macht und Hierarchie

Der Geist bringt Leben,
aber das Wort kann töten.

∽

Die Pagode ist fertig, das Land ruiniert.

∽

Wenn China schwitzt, schwimmt Burma.

∽

Wenn du den König verlässt,
gehörst du auf der Stelle zum Volk.

∽

Die Mächtigen und Reichen möchten
große Schiffe über Land fahren
oder Berge versetzen lassen,
nur um ihre Macht zu beweisen.

Die Herde folgt dem Hirten.

Tiger sind keine Vegetarier.

Pferde mit zwei Köpfen fressen
mit ihren zwei Mäulern alles Gras auf.

Für den weißen Elefanten gibt es
immer genug Zuckerrohr.

> Wer einen bekannten Vater hat, bekommt auch
> einen guten Job – ohne dass er es verdient hat –
> insbesondere in der Politik.

Ein weißer Elefant wird von seinen Leuten
mit Zuckerrohr versorgt.

> Gemeint ist auch die Sippe.

Macht und Hierarchie

Der große Elefant trampelt einen Pfad.

„Große Tiere" können für andere einen Weg frei machen. Oder: Gilt auch für Wissen/Erkenntnisse. „Große Tiere" können wissenschaftliche Erkenntnisse leichter verbreiten.

Buddha ist (unten) auf dem Boden und der Affe (oben) auf dem Baum.

Verkehrte Welt: Buddha ist immer „oben" und der Affe „unten". Manchmal ist der Chef ein Analphabet, aber „oben", während der kluge und fleißige Mitarbeiter ganz „unten" ist.

Jemand trägt ständig einen blauen Longyi.

Longyi = ein langer Wickelrock für Frauen und für Männer. Man verspricht stets etwas Angenehmes, was dann aber nicht eingehalten wird. Politiker tragen immer den gleichen blauen Longyi = Sie versprechen immer das Blaue vom Himmel.

Der Hahn des Hauses redet schlecht
über andere Hähne.

> Politik: Einer versucht dem Anderen
> etwas Schlechtes anzuhängen.

Ein Hase darf an einem Löwen
nicht unachtsam vorbei laufen.

> Ehrerbietungspflicht gegenüber Menschen
> mit hohem Ansehen.

Jemanden, den man nicht liebt, küssen müssen
– aber dabei nicht atmen.

> Nur mit der Nase berühren, aber nicht einatmen:
> Etwas nicht tun wollen, aber situativ zwangsweise
> machen müssen. Politik: Nicht mit der Politik eines
> anderen Landes einverstanden sein, sie jedoch in
> der Öffentlichkeit akzeptieren müssen.

Egal, was anderen Menschen passiert,
Hauptsache, Nga Tay bleibt gesund.

> Nga Tay ist ein Synonym für Herrscher, Mächtige und meint spöttisch: Dem Volk kann es scheinbar unendlich schlecht gehen, Hauptsache, dem Mächtigen geht es gut. Nur auf den Vorteil des Diktators bedacht sein.

Weisheit und Dummheit

Der kluge Mann weiß einen wertvollen Hinweis
zu schätzen, ein anderer erkennt ihn nicht.

Um Verdienste zu erwerben, muss man gute
Taten nicht nur mit den Händen vollbringen,
sondern auch mit dem Herzen.

Wer durstig ist, findet auch einen Brunnen.

In einem halbvollen Wassertopf schwappt
das Wasser immer hin und her.

Ohne A kann man das Wort Apfel nicht
schreiben; beginne im Kleinen und vergiss
nicht den Anfang.

Einer, der Bescheid weiß, erkennt den
wertvollen Rat. Aber einer,
der wenig Wissen hat, übersieht ihn.

Zeit und Gezeiten können nicht warten.

Ertrage die Hitze der Sonne, bevor du
den Schatten genießen kannst.

Man soll kein Öl ins Feuer gießen.

Vergiss den Ochsen nicht, wenn du
zum Reispflanzen gehst.

Einen Butterfisch kann man in seinem
eigenen Fett braten.

Weisheit und Dummheit

Es ist gleich wie groß die Welle ist,
wenn sie nur immer unter dem Boot bleibt.

Rot glühende Kohle strahlt viel Energie ab.

Das Ufer des Flusses und die Bäume am Fluss
hängen voneinander ab und nützen einander.

Trockne den Reis, wenn die Sonne scheint.
Nutze den Regen zum Sammeln von Wasser
für deinen späteren Vorrat.

Presst man ein Stück Kohle lange genug
zusammen, wird auch ein Diamant daraus.

Wasser kann ein Schiff tragen,
aber auch verschlingen.

Lass es Andere vermuten, aber nicht sehen.

Ein Baum mit breiter Krone
gewährt tausend Vögeln Schutz.

Mach kein Zeichen am Boot.

Nur weil du eine Medizinflasche am Wegrand
findest, musst du kein Doktor werden.

Misch dich nicht ein, wenn der Tiger
dem Hund Glauben schenkt.

Ein Mensch, der wenig gelernt hat,
ist wie der Frosch, der seinen Tümpel
für einen großen See hält.

Wenn du den Mond sehen willst,
so schaue zum Himmel und nicht in eine Pfütze.

Der erfahrene Jäger liest in Fährten
wie in einem Buch.

Gut klingt die Harfe nur,
wenn die Saiten richtig gespannt sind.

Dein Wissen kann kein Dieb stehlen.

Tiger verschonen keine Kühe.

Kein Schmied benutzt
sein bestes Schwert selbst.

Die Blätter eines Baumes sollten auch noch
Sonne an die Äste kommen lassen.

Einer wirft Sesamkörner, aber im Maul
des großen Elefanten landen nur wenige.

> Das Maul des Elefanten ist zu groß. Oder: In
> Unruhegebieten kommt zu wenig (Unterstützung) an.

Ein aufrecht stehender Körper
ist aufrecht auch im Geiste.

> Recht und Ordnung: Ist die rechtliche Basis gut, dann
> ist auch das Alltagsleben in Ordnung.

Spatzen, die einmal von Menschen mit Steinen beworfen wurden, fürchten sich vor Menschen, wenn sie diese nur sehen.

> Wer einmal schlechte Erfahrungen gemacht hat, ist dann immer vorsichtig.

Wasser, das im Sand versickert, ist vergeudet.

> Nicht immer hat die Mühe einen Nutzen gebracht. Das entspricht dem Wasser, das für nichts in den Sand gegossen wurde.

Obwohl der Hund den Termitenhaufen wütend verbellt, bleibt dieser wo er ist.

> Ein gerechter Mensch lässt sich auch durch laute Kritik nicht aus der Ruhe bringen.

Ein gesunder Hund kann beide Ohren verlieren, wenn er sich mit einem tollwütigen Hund beißt.

> Ein Gelehrter kann nur verlieren, wenn er sich mit einem lernunwilligen, aggressiven Menschen streitet.

Niemand kann den krummen Schwanz eines
Hundes begradigen.

> Komplizierte Menschen können vielfach belehrt werden. Sie werden dadurch aber nicht anders und kehren immer wieder zu ihrer ursprüngliche Meinung zurück.

Der große Fluss fließt langsam, still und weich.

> Gelehrte (weise) Leute verhalten sich überlegt, ruhig.

Lass die Schlange am Leben;
zerbrich nicht den Bambusstock.

> Beide haben einen Sinn – unabhängig von uns.

Ein Blinder hat keine Angst vor bösen Geistern.

> Wer das Schlimme noch nicht gesehen hat, macht sich keine schlechten Gedanken.

Der Tiger, der sterben will,
läuft in einen anderen Wald.

> Der andere Wald ist für ihn unbekannt,
> und er findet sich in ihm nicht zurecht.

Wer einem listigen Freund vertraut, für den ist das schlimmer als einem listigen Fremden zu vertrauen.

Garnde hat keine Ahnung
und kochte mit Salzwasser.

> Der Garnde-Vogel und der Drache sind Feinde, „Himmel und Hölle". Bei einem Kampf zwischen beiden verschwand der Drache im Meer. Garnde wartete am Ufer und kochte mit Salz (Meerwasser). Auch: Jemand hat alles versucht, aber nun ist die Sache erfolglos.

Wenn die Krankheit nicht erkannt wird, kann man auch nicht wissen, welches Medikament hilft.

> Solange das Problem nicht erkannt wird, kann auch keine Lösung gefunden werden.

Wickelst du einzelne Fäden nicht auf,
gibt es ein chaotisches Durcheinander.

> Ordnung gibt Halt – Leute brauchen Führung –
> Die Mutter will für ihren Sohn eine Frau,
> damit Ordnung in sein Leben tritt.

Wer Süßes sucht, findet Honig.

> Wer sucht, der findet. Wenn ich etwas suche,
> finde ich womöglich etwas Edles.

Warum den Mond in das Loch des Bambus
scheinen lassen?

> Der Bambus ist innen hohl:
> Eine sinnlose Aktivität wird gemacht. Warum?

Je mehr man sich bewegt, wenn man ins Moor
gefallen ist, desto tiefer sinkt man.

Oft ist die Erwartung von einer großartigen
Sesamernte größer als die tatsächliche Ernte.

Weisheit und Dummheit

An vielen Wegen stehen diese Wasserstellen, an denen sich jeder erfrischen kann.

Reichtum und Armut

Auf eigenem Boot und auf eigenem Pferd
kann ich überall hinkommen.

Echte Rubine werden auch
durch Schmutz nicht blind.

Etwas ist doch besser als nichts.

Die Gier nach teuren Dingen ist nichts anderes,
als Honig von einem Rasiermesser zu lecken.

Menschen können den Schmerz der Armut
erdulden, doch das Leid des Reichtums
ertragen sie nicht.

Am reichsten sind die Menschen,
die auf das meiste verzichten können.

Wertloses Sandelholz wird in
wertlosen Eimern verkauft.

Wer reich ist, wird immer noch reicher.

Reichtum und Armut

Könnten die Tiger Mitleid empfinden,
würden die Ochsen friedlich leben.

> Grausame Leute haben kein Mitleid. Viele Reiche
> haben kein Mitleid mit den Armen. Oder: Die Engländer
> und Japaner hatten kein Mitleid mit den Burmesen.

Wenn das Wasser hoch steht,
schwimmt auch die Lotosblüte hoch.

> Wenn derjenige, von dem man abhängig ist,
> einen hohen Lebensstandard hat,
> erhöht das auch den eigenen.

Erfolg und Misserfolg

Wenn das Wasser auf die Felder geleitet wird, braucht es Dämme, damit der Reis wächst.

Ein Sesamkorn allein macht noch kein Öl.

Neben der edlen Kunst, Dinge zu verrichten, gibt es die edle Kunst, Dinge unverrichtet zu lassen.

Wenn der Beutel ein Loch hat, kann man noch so viele Frösche fangen, man kommt dennoch leer zu Hause an.

> In der Regenzeit sammeln die fleißigen Bauern Frösche, die sie später auf dem Markt als Delikatesse verkaufen. Die Faulen gehen leer aus. Übrigens: In der Regenzeit werden auch vermehrt Reismäuse gefangen und später verzehrt.

Wie gut ein Goldschmied ist, sieht man daran,
wie er die Teile zusammengefügt hat.

Werden viele Palmblätter beschrieben, heißt das
noch lange nicht, dass das Ergebnis gut ist.

> Ein Zuviel an Kraft, Zeit und Wünschen in der
> Erziehung kann auch verlorene Liebesmühe sein.

Einer kann viel vollbringen,
wenn er keine Angst vor dem Tod hat.

Zu wenig oder zu viel,
beides ist weit weg vom Ziel.

Durch einmal Schneiden erhält man zwei Teile.

Ohne gute Lehrer können wir
vieles falsch machen.

Das, was wir heute sind, folgt aus den
Gedanken, denen wir gestern nachgingen,
und unser gegenwärtiges Denken bestimmt
unser Leben, wie es morgen sein wird.

Beim Huldigen in der Pagode
nach Schildkröteneiern Ausschau halten.

Lerne, möglichst vieles nicht zu tun.

Wenn du etwas lernen willst, wende die Tricks
eines Bettlers an, damit du das meiste von
deinem Lehrer erhältst: Lerne wie ein Bettler.

Wenn der Fisch gekocht wird und der Kopf als
erster gar ist, dann iss' den Kopf. Der Schwanz
kommt erst dann in die Reihe, wenn er gar ist.

> Schau' auf das Jetzt, wenn Du überleben willst. Was ist heute mein Vorteil; bei welchen anderen Menschen kann ich heute einen Gewinn machen?

Wenn Vollmond ist, sollen die Frauen spinnen.

> Vollmond = hell. Früher gab es noch keine Elektrizität. Im übertragenen Sinne auch: Wenn es eine gute Gelegenheit gibt, dann nutze sie.

Wollen die Pa-laung gute Teeblätter haben, sollen sie überlegt und mit Bedacht anfangen zu ernten.

> Pa-laung: Volksstamm im Shan-Staat hoch oben im Gebirge. Wer erfolgreich sein will, muss bedacht und überlegt ans Werk gehen.

Am Ende eines Weges gibt es immer ein Dorf.

> Nach viel Mühe tritt der Erfolg ein.

Bist du nicht aufmerksam, rennst du an der größten Höhle vorbei, ohne sie zu bemerken. Nur der Aufmerksame kann auch die kleinsten Nebeltröpfchen erkennen.

> Sei immer vorsichtig und handle nicht unbedacht.

Der Fischer hat keinen Fisch gefangen,
aber er hat wenigstens im Fluss gebadet.

Es gibt keinen Rechtsgelehrten, der noch nie
einen Prozess verloren hat, und es gibt keinen
Arzt, dem nicht ein Patient gestorben wäre.

> Jeder macht bei noch so vielen gesammelten
> Erfahrungen mindestens einen großen
> Fehler im Leben.

Kohlen können brennen und wärmen,
aber bei zu viel Asche kann das Feuer erlöschen.

> Leute mit viel Talent können verkümmern, wenn sie
> nicht die Gelegenheit erhalten, sich zu beweisen.
> Die Geschicklichkeit, das Talent wird verdeckt
> und verkümmert.

Der Reiter sollte wissen, ob er einen Hengst
oder eine Stute reitet.

> Man sollte nur etwas machen, von dem man
> etwas versteht.

Wenn die Schüler versagen,
sind die Lehrer dafür verantwortlich.

Ein Wasserbüffel, der ein Schlammloch sieht, ist dumm, wenn er sich nicht darin wälzt.

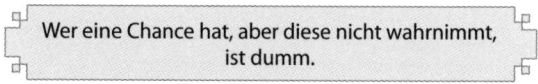

Wer eine Chance hat, aber diese nicht wahrnimmt, ist dumm.

Der Schmied verkauft nur die besten von ihm geschmiedeten Messer.

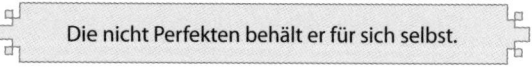

Die nicht Perfekten behält er für sich selbst.

Wer sich nicht vor dem Tod fürchtet,
kann viel vollbringen.

Erfolg und Misserfolg

Ein Händler soll viel und wenig verkaufen.
Dann wird die Kasse voll.

> Der Händler soll zu allen gleichermaßen
> freundlich sein. Und: Es soll täglich
> gespart werden – egal wie viel.

Man soll 100 Goldstücke investieren, um 1000
Goldstücke Gewinn zu machen.

> Ein Geschäft muss sich lohnen. Oder:
> Die Ermöglichung einer guten Ausbildung der
> Jugend lohnt sich später im Leben.

Eine richtige Schlange kann einfach in jedes
Loch kriechen.

> Schlangen können nicht nur in gerade Löcher
> kriechen, sondern sich auch durch Labyrinthe im Boden
> bewegen. Oder: Bei einem richtigen Talent oder gute
> Beziehungen können auch Schwierigkeiten einfach
> überwunden werden.

Während das Kürbisgestell schon durch einen besonders schweren Kürbis durchhängt, wächst noch ein gelber Kürbis zusätzlich auf ihm.

> Bei schon vorhandenen schweren Aufgaben und Problemen kommen oft weitere schwere hinzu.

Wer seinen Beruf mit Begeisterung ausübt, verdient viel Geld.

Mut und Risiko

Ein Taucher will unbedingt den Grund erreichen
und ein Bergsteiger unbedingt den Gipfel.

Wenn du es eilig hast, nimm den alten Weg.

Kein vernünftiger Mensch wird von einem
Baum springen, um seinen Mut zu beweisen.

Auch kleine Garnelen schwimmen im Meer.

Verbeuge dich nicht vor der Kobra.

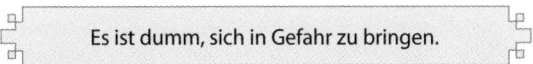

Es ist dumm, sich in Gefahr zu bringen.

Tod heißt Erde. Leben heißt goldener Schirm.

> Wer wagt und aktiv ist, der gewinnt. Lebe oder stirb.
> Wer wagt, hat eine Chance auf mehr.
> Für den ändert sich etwas.
> „Wer den Krieg gewinnt, erhält
> den goldenen Schirm", er hat alles.

Irren ist menschlich; deshalb hat ein Bleistift einen Radiergummi. Je kleiner der Bleistift wird, desto kleiner wird auch der Radiergummi.

> Im Leben begeht man viele Fehler,
> die korrigiert werden müssen.

Wenn sich das Rad zu schnell gedreht hat, zerbricht es und der Wagen liegt im Dreck.

> Einer, der die Sache übertreibt,
> hat irgendwann richtig Pech.

Stärke und Schwäche

Deine Fischpaste ist sauer,
aber meine ist noch viel saurer.

Man kann mit einem Stein zwei Vögel treffen.

Spatzen, die sich wie Pfauen benehmen,
brechen sich leicht ein Bein.

Reden kocht noch keinen Reis.

Einen Splitter im Auge eines anderen kann man
gut sehen, nur den im eigenen Auge nicht.

Nur ein Tiger, der den Tod kommen sieht,
wechselt in einen anderen Wald.

Wenn Schönheit schön sein will,
wandelt sie sich in Hässlichkeit.

Es gibt viele Gründe dafür, dass das verdiente
Geld schneller ausgegeben ist, als das Verbleiben
von Wasser in einem Korb.

Rostiges Eisen ist nicht mehr wertvoll.

> Ein rostiges Schwert ist keine Waffe mehr. Oder: Wie
> ich mich verhalte, entscheidet darüber, wie ich in Form
> bin und wahrgenommen werde. Oder: Wenn ich nicht
> vorsichtig mit mir bin (zum Beispiel Drogen nehme),
> sinkt mein Wert.

Auch wenn alle Soldaten schon verschwunden
sind, muss der Fahnenträger noch
die Fahne hoch halten.

Brenne die Scheune nicht ab, solange
die Mäuse nicht vernichtet sind.

> Man kann bei einem Streit den Sieg erringen,
> aber der Unterlegene hat noch weitere Verbündete
> auf seiner Seite.

Wenn ein Hund tollwütig wird und seinen
Besitzer beißt, wird er nicht mehr lange leben.

> Sehr listige Menschen, die immer nur auf die
> eigenen Vorteile bedacht sind, können diese Vorteile
> nur für eine kurze Zeit genießen. Oder: Wenn ich dankbar
> sein müsste, aber die Person, der ich vieles zu verdanken
> habe, schlecht mache, wird sie sich von mir wenden.

Jemand sieht herrliche große Kürbisse auf dem Feld
und behauptet, er sei mit dem Bauern verwandt.

> Um etwas zu bekommen, schmeichelt man sich ein.
> Früher waren ihm der Bauer und das Feld gleichgültig.

Ein einziger stinkender Fisch unter vielen guten
Fischen macht den ganzen Fang schlecht.

Selbst ein blindes Huhn kann einen
großen Reistopf finden.

Zu viel Wissen kann verwirren.

Zu viel Wasser in der Regenzeit bringt
das Leben zum Stillstand.

Wenn man auf den Fingernagel drückt,
schmerzt auch die Fingerspitze.

> Kleine Ursache - große Wirkung. Und: Wenn der
> Vater die Arbeit verliert, leidet die ganze Familie.

Einen Ertrinkenden mit Bambusstangen
weg schieben.

> Die Sache schlimmer machen. In der Kolonialzeit
> mussten die Bauern viele Steuern bezahlen.
> Es ging ihnen vorher schon schlecht,
> dann aber ungemein schlechter.

Stärke und Schwäche

Es regnet auf das Wasser.

Dort, wo schon viel Wasser ist,
bringt der Regen noch viel hinzu.

Wenn zwischen zwei Bambusstauden
eine dritte wächst…

> Sinn: Ich habe schon Probleme – und nun
> noch das. Zwischen zwei Problemen gibt's
> noch eine Schwierigkeit.

Jemand wurde von einem Stier durch die Luft
geschleudert – und fiel auf einen weichen Busch.

> Glück im Unglück.

Wo schon viele giftige Schlangen sind,
kommen auch noch viele Skorpione hinzu.

> Wo viele Probleme und Schwierigkeiten sind,
> kommen weitere hinzu, man zieht neue an.

Vertrauen und Misstrauen

Vorbeugen ist besser als heilen.

Sei vorsichtig mit deinem Vertrauen; sogar
deinem eigenen Knie kannst du nicht vertrauen.

Kritisiere nicht den Fluss, wenn du ins Wasser fällst.

Wände haben große Ohren, Türen haben Augen.

Suche dir vor deiner Reise einen sicheren Begleiter.

Giftige Bäume soll man nicht gießen.

Einmal sehen ist besser als hundertmal hören.

Auf einer Seite des Bootes darf nur einer stehen.

> Ein Mann mit zwei Frauen? Politiker – Vertrauen.

Der Fisch sieht immer nur das Futter
und nicht den Angelhaken.

> Man sollte nicht nur den schnellen Gewinn
> im Auge haben, sondern auch die Gefahr.

Das Schweigen ist 1000 Wälder wert.

> Eine Geschichte erzählt: Der Herrscher des Waldes,
> König Löwe, war mit einer hübschen Wölfin verheiratet.
> Sie gebahr ihm ein Kind, das das Aussehen des
> Löwen, jedoch die Stimme der Wölfin hatte. Als der
> Prinz älter wurde, ließ der Löwe alle Tiere des Waldes
> zusammenkommen, um ihnen den späteren Herrscher
> vorzustellen. Dem Prinzen trug der König Löwe auf,
> während der gesamten Zeremonie unbedingt zu
> schweigen und sagte: „Dein Schweigen ist 1000 Wälder
> wert, die du einmal beherrschen wirst. Denke die ganze
> Zeit daran!"
> Der Sohn aber bellte vor Stolz drauf los, als er die vielen
> Tiere sah. Die Tiere aber verloren die Achtung vor dem
> komischen Prinzen und verlachten ihn.

Vertrauen und Misstrauen

Durch viele Behandlungen von vielen Ärzten ist schon so mancher Patient ums Leben gekommen.

Die dunklen Elefanten fürchten sich, den weißen Elefanten anzuschauen.

Einer kann zugrunde gehen, wenn er blind vertraut.

Wirfst du unterschiedliche Seile auf ein und denselben Haufen, ist es schwierig, sie später wieder zu trennen.

> Trennen der Geschlechter, damit sie nicht zu früh Umgang miteinander haben.

Jemand trägt eine Kobra am Körper.

> Ich vertraue Personen, obwohl sie mir durchaus irgendwann Schwierigkeiten bereiten können.

Sein und Schein

Auch das beste Pferd braucht
hin und wieder neue Hufeisen.

Wenn sich Schnecken wie Frösche verhalten
und zu springen beginnen, zerstören sie
das Leben im Teich.

Lasse Dich nicht vom Schein blenden,
schaue dahinter.

Auch Raubtiere können vor Ziegen
Angst haben.

Wenn die Sonne untergeht, können auch kleine
Menschen große Schatten werfen.

Unter einer golden erscheinenden Oberfläche
kann sich massenhaft Kuhmist verbergen.

∽

Auch ein Frosch kann eine Schlange schlucken.

∽

Einer stellt sich auf das Podest und behauptet,
der Stifter der Zeremonie zu sein.

∽

Eine Krähe, die sich wie ein Pfau benimmt.

∽

Das Schöne wirkt wie ein Magnet.

∽

Der Schatten spricht oft klarer als das Original
auf staubigem Weg.

Der Schatten ist ein Meister des Wesentlichen:
Er vergrößert und verkleinert,
vergröbert und verfeinert.

Der Baumstumpf ist hoch, wenn das Gras
niedrig ist. Der Baumstumpf ist niedrig,
wenn in der Regenzeit das Gras hoch ist.

Die fünf größten Übel sind: Feuer, Wasser,
Stürme, Räuber und Könige.

Einer kann aus einem Viertel
ein Ganzes machen.

> Man kann eine kleine Sache aufbauschen
> (z.B. in den Medien).

Wenn die Stoßzähne des Elefanten erst einmal
gewachsen sind, kann er sie nicht wieder
einziehen.

> Wort halten.

Man uriniert nicht in eine goldene Schüssel.

Einer präsentiert einen Affen,
damit der Besitzer Reis erhält.

> Wie der Affe auf dem Leierkasten, dem die Anderen etwas spenden. Kennzeichnet die gegenwärtige politische Situation: Die Welt schaut auf die LADY, sieht in ihr eine demokratische Öffnung und unterstützt Myanmar wirtschaftlich. Die Regierung besteht zur Zeit mit großer Mehrheit aus ehemaligen Offizieren, hinter denen der listige ehemalige Diktator steht. Die LADY, der machtlos der Hausarrest erspart wurde, wird als „Affe" benutzt.

Herkunft

Alle königlichen Gewänder sind aus Seide.

Er lässt die Nachgeburt
in einem Goldbecken waschen.

> Könige und Prinzen zeigten damit ihren Reichtum und Standesunterschied zum Volk. Eine Analogie könnte der goldene, mit Edelsteinen belegte Nachttopf sein.

Auch wenn es hundert Früchte sind, sie können
dennoch von einer einzigen Pflanze kommen.

Von der Rinde eines Baumes kann man auf
deren Herkunft schließen.

Wenn es echte Stoßzähne von Elefanten sind,
dann gibt es nichts, was sie zerstören könnte.

> Etwas Echtes ist stabil und standhaft.

Kluge Schüler bei guten Lehrern können sich
schöne Blumen ins Haar stecken.

Benehmen

Schon die Kälber sollen an das Ziehen
von Karren gewöhnt werden.

Wenn du einen Freund hast, gehe ihn oft
besuchen; denn Dornen und Gestrüpp
überwuchern den Weg, der nicht begangen wird.

Jemand streut Sand auf das Fleisch.

> Damit andere das Fleisch nicht essen können. Was ich nicht haben kann, sollen andere auch nicht haben.

Gute Fürsprache ist wie eine Brise,
die den Duft der Blume weiterträgt.

Erkennen ist eine große Leistung des Geistes,
Anerkennen eine solche des Herzens.

Wer auch nur eine kleine Portion Reis
bei anderen gegessen hat, bleibt dafür
immer dankbar.

> Eine Geschichte aus dem 15. Jahrhundert:
> Ein König schickte seinen vertrauten Diener zu seinem jüngeren Bruder, der ebenfalls König war, jedoch in einem anderen Land. Er sollte ihn töten. Der Palast war weit entfernt, und der Diener musste den anderen Hof, der stark bewacht war, intensiv beobachten. Dazu versteckte er sich verkleidet im Wald. Drei Tage wartete er ohne Essen im Wald. Am vierten Tag bekam er seine Chance. Er kam unerkannt in das Schlafzimmer des Königs und hätte ihn töten können. Aber da war wunderbares Essen auf der reich gedeckten Tafel. Der Diener war richtig ausgehungert und schlug sich erst einmal den Bauch voll.
> Nach dem Essen wollte er sein Schwert ziehen und in den Nebenraum dringen, wo er den König vermutete. Jedoch wurde ihm in diesem Moment bewusst, dass er das nicht tun konnte, denn er hatte das Essen von ihm genommen. Tötete er ihn jetzt, käme er gewiss in die Hölle. So nahm er als Beweis dafür, dass er im Königspalast des Bruders war, das Schwert des jungen Königs mit. Der ältere Bruder war mit diesem Ergebnis zufrieden.

Ein einmal ausgesprochenes Wort kann
nicht wieder zurück genommen werden.

Es gehört sich nicht, viel zu essen ohne die
entsprechende Portion Reis.

> Man gibt vor, besser zu sein, immer etwas Neues zu
> haben, als andere. Das ist jedoch nur eine
> hohle Angabe.

Wenn man auf dem Holzboden in ein Loch
tritt, kann man das Bein wieder herausziehen.
Ein gesprochenes Wort kann man nicht mehr
zurückziehen.

Lebenserfahrungen

Man kann von einem frisch gegrabenen
Brunnen nicht erwarten, dass sofort
klares Wasser heraussprudelt.

Auch kleine Schritte führen nach Bagan.

Wer geduldig und ruhig abwarten kann, erreicht
mehr als einer, der ungeduldig und laut auftritt.

> „Reden ist Silber, Schweigen ist Gold".

Wenn du richtig gutes weißes Reismehl haben
möchtest, schlage die Körner mehrmals durch
das Sieb.

> Die schlechten Reiskörner raussuchen.
> Bei Bekanntschaften muss man genau
> überlegen, wie man etwas sagt kann.
> Nicht jedem soll man alles sagen.

Von allen Früchten ist Mango am besten,
von allen Fleischsorten ist Schweinefleisch
am besten; von allen Blättern ist Laphet
am besten und darf bei keinem offiziellen
Anlass oder bei Zeremonien fehlen.

Friede im Kleinen wie im Großen erwächst
aus Liebe, Mitgefühl und Güte.

Aus gemahlenen Reisschalen kann man
keinen weißen Reis zurück gewinnen.

Bei einem verdorbenen Magen sollte man
keine Bohnensuppe essen.

Iss, was gar ist, trink, was klar ist
und sprich, was wahr ist.

Lebenserfahrungen

Dornige, steinige Wege lassen sich leicht
beschreiten von einem, der an etwas glaubt.

Der Burmese hat keinen Gott, der ihm
beiseite steht. Er hat niemanden,
der ihm das Tor in den Himmel öffnet.

Eine kleine Flamme kann mit nur wenig Wind
zu einem Flächenbrand werden.

Willst du lange leben, gehe in die Umgebung
des Mandalay-Hügels.

Geduld führt zum Erfolg, Eile zu vielen Fehlern.

Ehre und nähre die Schlangen.

> Einerseits verkörpert die Schlange im Buddhismus
> die menschliche Sünde „Zorn". Andererseits sind
> die Schlangen (Nagas) wohltätige, schlangenköpfige
> Halbgötter – mit denen man sich gut stellen sollte.

Wo sich eine Tür verschließt, kann nichts mehr
hinein gelangen – nicht einmal die Sonne.

Nur die Schlange weiß,
was sie als nächstes macht.

> Jemand kann nur voraussehen, was ein Anderer als
> nächstes machen wird, wenn er sich in den Anderen
> hineinversetzt, in dessen Haut schlüpft.

Rudere früh und schnell, ehe der Markt vorüber
ist und die Lotusblüten verwelken.

Die Kosten des Dressurhakens des
Elefantenführers sind höher als
die Kosten für den Elefanten.

> Das Zubehör ist oft teurer als die Hauptsache selbst.
> Man kauft häufig das Falsche, weil man nicht an die
> Folgekosten denkt. Ahnungslosigkeit.

Lebenserfahrungen

Sprichwörter und
Lebensweisheiten der
verschiedenen Völker und
Stämme in Myanmar

Volksstamm Yawán

Die Geschenke des Feindes sind gefährlich.

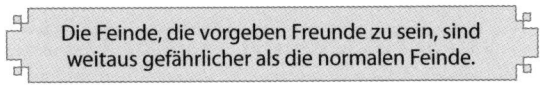
Die Feinde, die vorgeben Freunde zu sein, sind weitaus gefährlicher als die normalen Feinde.

Volksstamm Maru

Obwohl die Reispflanze oft nieder getreten wird, richtet sie sich wieder auf.

Wenn die Bambusstangen in einem Floß nicht zerbrechen, kann auch kein Wasser eindringen.

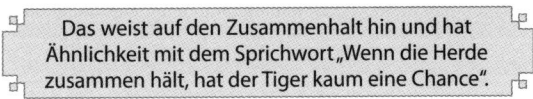
Das weist auf den Zusammenhalt hin und hat Ähnlichkeit mit dem Sprichwort „Wenn die Herde zusammen hält, hat der Tiger kaum eine Chance".

Wenn nur eine Bambusstange vom Floß bricht, kann Wasser eindringen und das Floß sinken.

Wer oft kritisiert wurde,
ist klüger als die anderen.

> Wer viele Schwierigkeiten im Leben hatte, hat mehr
> für das Leben gelernt als viele andere.

Volksstamm Azié

Einer, der im verbotenen Wald einen Baum fällt, kann ein Jahr ins Gefängnis kommen. Wer aber die falsche Frau heiratet, bleibt ewig gefangen.

> „Ehe" bedeutet in Myanmar a) „Haus" und
> b) „Gefängnis". Lieber länger prüfen,
> ob die Eheleute sich richtig verstehen.

Volksstamm Kayah

Wer unüberlegt etwas sagt, was nicht stimmt,
muss dafür zahlen.

Wenn du den Speer ohne Ziel wirfst,
kannst du den Hund treffen.

Wasser, das auf kurzem Weg geleitet wird, kommt besser und reichhaltiger an als solches, das auf langen, verschlungenen Wegen einher kommt.

Drücke dich mit einfachen Worten aus und sprich es direkt an, damit der andere versteht, was du meinst.

> Politiker und Wissenschaftler drücken sich oft zu verschlungen und unverständlich aus – auch ohne Täuschungsabsicht.

Volksstamm Kayin´

Mit vielen Leuten kann man ein Ziel leichter erreichen.

Das zu scharfe Schwert kann brechen. Die zu spitze Speerspitze kann abbrechen. Der zu dick aufgeblasene Ballon kann platzen.

Mit vielen Bambusstangen kann man einen Fluss leicht überqueren.

Volksstamm Lúshae

Das bereits gesprochene Wort und das ausgegossene Wasser – beide kann man nicht mehr zurück nehmen.

Man hört nicht gern, wenn einem die Wahrheit direkt ins Gesicht gesagt wird.

Es ist schwer, auf einen Baum zu klettern, der einen glatten, geraden Stamm hat.

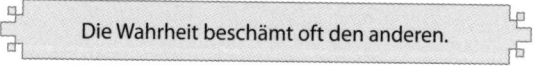

Die Wahrheit beschämt oft den anderen.

Volksstamm Paóh

Man sollte lieber die viele Arbeit erledigen, als darüber nur zu reden.

Volksstamm Danú und Taungyoe

Wo dumme und faule Leute sind,
kommen meist noch dumme und faule dazu.

Wo der Abfallhaufen ist,
kommt der Hundekot hinzu.

Wer neben meinem Feld lebt,
ist mit mir verwandt.

> Behandle deine Nachbarn wie
> ein Mitglied deiner Familie.

Volksstamm Lashi

Gute Früchte bedürfen guter Wurzeln.

> Gut geratene Kinder bedürfen einer guten Mutter.

Lebensweisheiten und Sprichwörter aus Myanmar

Volksstamm Mon

Das Paradies wäre zu klein, wenn die Kinder
ihre Mutter genauso sehr liebten,
wie die Mutter ihre Kinder.

Man sieht es einem Ochsen nicht sofort an, ob er
einen beladenen Wagen gut oder schlecht zieht.

> Ob jemand gut oder schlecht ist, weiß man erst,
> wenn man ihn genauer kennen gelernt hat .

Volksstamm Faw

Man kann alte Blätter in den Graben werfen,
aber nicht die eigenen Kinder.

> Analog: Es gibt keinen Graben, in den man seine Kinder werfen kann. – Man kann die Zusammengehörigkeit in einer Familie/Gemeinschaft nicht einfach zerschneiden. Das gilt auch für die verschiedenen Volksstämme, die friedlich miteinander leben sollen. Volksstämme sind wie Geschwister und das Land entspricht der Familie. Auch „böse" Kinder kann man nicht wegwerfen.

Volksstamm Rakhine

Unehrlichkeit macht nicht reich.

> Hinterlist ist nur kurz von Nutzen.

Volksstamm Shan

Einer, der den gekochten Reis von anderen
gegessen hat, soll nicht schlecht über
denjenigen reden, sonst trifft ihn der Blitz.

Volksstamm Inlay

Wenn ich etwas von einem anderen will,
darf ich ihn nicht so bitter fragen
wie die Blätter des Nimbaumes.

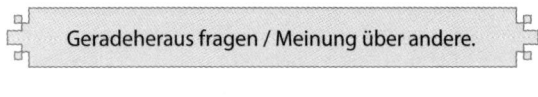
Geradeheraus fragen / Meinung über andere.

Volksstamm Niezu

Wenn mir jemand geholfen hat,
vergesse ich das nie.
Der, dem ich geholfen habe, vergisst es gleich.

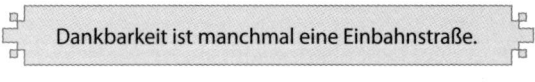
Dankbarkeit ist manchmal eine Einbahnstraße.

Volksstamm Chin

Der Regen fällt durch die Bäume hindurch auf die Erde. Die Bäume wachsen durch den Regen.

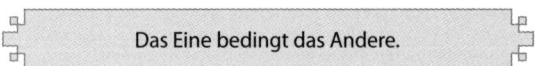
Das Eine bedingt das Andere.

Volksstamm Ta Änn

Einer, der bei der Arbeit den Sonnenaufgang sieht, ist sein Leben lang kein armer Mann.

Volksstamm Dawae

Der Sa-Bu-Tau baut durch seinen Einfallsreichtum ein großartiges Nest.

> Sa-Bu-Tau ist ein kleiner Vogel. Sein Nest hängt am Ast wie eine Weihnachtskugel und fällt auch bei Sturm nicht ab.

Redewendungen und Orientierungen von Politikern

Bislang wurde dem Volk, den einzelnen Stämmen „auf den Mund geschaut" und deren Sprichwörter und Lebensweisheiten betrachtet. Diese Sammlung wird abgeschlossen mit Aussprüchen von drei demokratisch gesinnten Persönlichkeiten der neueren Zeit, die schon jetzt für viele Menschen in Myanmar zu Sprichwörtern geworden sind und den Zitatenschatz befruchten.

Aung San Suu Kyi (Friedensnobelpreisträgerin):

„Ich bin Optimistin…ich weiß, dass unser Weg richtig ist, nur nicht, wie lange es dauern wird, ihn durchzusetzen. Aber wenn man ein Stück Kohle lange genug zusammenpresst, wird ein Diamant daraus".

Von ihrem Vater **Bogyoke Aung San**, der als erster demokratischer Präsident 1947 bei einem Militärputsch entmachtet wurde, stammen nachfolgende fünf Redewendungen:

Wir haben unsere Unabhängigkeit erhalten und können die Stiele der Tabakblätter auf der Straße trocknen.

> Die Stiele der Tabakblätter werden in Myanmar für Zigarren zerkleinert. Sinn: Jetzt sind alle Möglichkeiten gegeben.

Wenn jemand das Ziel nicht erreicht hat, halte er das Ruder nicht hoch.

> Im Ziel halten die Ruderer ihre Ruder hoch. Sinn: Wir müssen noch weiter an der Unabhängigkeit und Demokratie arbeiten. Das Ziel wurde von uns noch nicht erreicht, und deshalb dürfen wir auch noch nicht die Ruder hochhalten.

Wenn einer etwas tun will, sollte er das Verhalten des Löwen bei der Jagd befolgen.

> Sinn: Ruhe, Konzentration, Bedachtsamkeit – egal, ob es sich um eine große oder kleine Beute handelt.

Wenn einer gekünstelt, aufgesetzt einem jeden, der kommt, zulächelt, dann verhält er sich wie eine Hure. Und genauso verhält sich gegenwärtig unser Land.

Fairness beim Spiel erfordert, dass die andere Mannschaft nicht durch rauen Körpereinsatz behindert wird.

> Gemeint war: Dieses „schlechte Verhalten" sollen die Leute in Myanmar nicht zeigen. Bogyoke Aung San bezog das tatsächlich nur auf den Fußball/Sport.

Von dem im August 2013 im 94. Lebensjahr verstorbenen, in Myanmar hoch verehrten Schriftsteller **Dagon Taryar** stammt diese Aussage:

*Es gibt keine Feinde,
sondern nur Freunde in der Politik.*

> Politik ist die Kunst, die Opposition wie einen Freund zu behandeln – und nicht wie einen Feind.

Kleine Einführung in die buddhistische Lehre

Myanmar ist ein Land des Buddhismus. Man begegnet ihm in Tempeln und den vielen Pagoden und bei Festen. Mönche jeden Alters gehören zum Erscheinungsbild auf Straßen und Plätzen. Von den verschiedenen international vorherrschenden Richtungen des Buddhismus begegnen wir in Myanmar dem Theravada-Buddhismus – der „Lehre der Alten", dem ursprünglichen.

Neben dem Buddhismus werden im Nat-Kult, einer Naturreligion, übernatürliche Wesen verehrt (1).

Islam und Christentum spielen eine geringere Rolle. Über Erscheinungen einer Rivalität zwischen Buddhismus und Islam wird gelegentlich in den Medien berichtet.

Anteile des Buddhismus und der Religionen an der Bevölkerung (2):

- **Buddhismus 87,2%**
- **Christentum 5,6%**
- **Islam 3,6%**
- **Indische Religionen 2,6%**

In Internet und Literatur gibt es ausführliche Darstellungen über den Buddhismus und die Religionen in Myanmar.

In Europa leben schätzungsweise 2.257.500 Buddhisten. Das entspricht 0,37% an der Gesamtbevölkerung der einbezogenen Länder. Die höchste Anzahl lebt in Russland, inklusive im asiatischen Teil. In Deutschland sind es 0,3% der Bevölkerung (im Vergleich Islam: 5%).

Die folgenden Fragen und Antworten lehnen sich an das frei verwendbare Buch von Dhammika Shravasti aus dem Jahr 2006 (3) an und sollen in Kürze und für alle interessierten Leser verständlich wichtige Kennzeichen des Buddhismus vermitteln.

Einführung in die buddhistische Lehre

FRAGE: Was ist Buddhismus?

ANTWORT: Der Name Buddhismus stammt von dem Wort *bodhi* ab. Dieses bedeutet so viel wie „erwachen". Somit kann der Buddhismus als Philosophie des Erwachens angesehen werden. Diese Philosophie hat ihren Ursprung in der Erfahrung von Siddhartha Gotama, bekannt als der Buddha, der im Alter von 35 Jahren erwachte. Der Buddhismus existiert bereits seit 2.500 Jahren und hat weltweit etwa 380 Millionen Anhänger. Bis vor hundert Jahren war der Buddhismus im Wesentlichen eine asiatische Philosophie, aber er gewinnt immer mehr Anhänger in Europa, Australien und Amerika.

Also handelt es sich beim Buddhismus lediglich um eine Philosophie?

Das Wort Philosophie setzt sich aus den beiden Wörtern *philo* – das „Liebe" bedeutet – und *sophia* – das „Weisheit" bedeutet – zusammen. Philosophie ist also die Liebe der Weisheit oder Liebe und Weisheit. Beide Bedeutungen beschreiben den Buddhismus perfekt. Der Buddhismus lehrt uns, dass wir unsere geistigen Fähigkeiten möglichst weit entwickeln sollen, um die Dinge klar verstehen zu können. Er lehrt uns auch, Liebe und Güte zu entfalten, sodass wir allen Wesen ein wahrer Freund sein können. Der Buddhismus ist also nicht nur eine Philosophie, sondern die höchste Form von Philosophie.

Wer war Buddha?

Im Jahr 563 v. Ch. wurde ein Baby in eine Königsfamilie im nördlichen Indien hineingeboren. Der Prinz wuchs in Reichtum und Luxus auf, fand aber schließlich heraus, dass die irdischen Annehmlichkeiten und Sicherheit kein Glück garantieren. Der Prinz war von dem Leid, das er um sich herum sah, tief bewegt und beschloss, den Schlüssel zum menschlichen Glück zu finden. Mit 29 Jahren verließ er Frau und Kind und brach auf, um von den großen Religionslehrern seiner Zeit zu lernen. Sie brachten ihm viel bei, aber niemand von ihnen kannte die Ursache für das menschliche Leid, die Antwort auf die Frage, wie es überwunden werden konnte. Nach sechsjährigem Studium, Kampf und Meditation hatte er eine Erfahrung, bei der alle Unwissenheit von ihm abfiel und er plötzlich verstand. Von diesem Tag an wurde er der Buddha, der Erwachte, genannt. Er verbreitete seine Lebensweisheiten weitere 45 Jahre, in denen der durch ganz Nordindien zog und andere das lehrte, was er entdeckt hatte. Sein Mitgefühl und seine Geduld waren legendär, und er hatte Tausende von Anhängern. Er starb schließlich in seinem 80. Lebensjahr, alt und krank, aber immer noch würdevoll und gelassen.

War Buddha ein Gott?

Nein, er war natürlich kein Gott. Er beanspruchte nicht, ein Gott oder Gottes Kind zu sein, noch nicht einmal, von Gott gesandt zu sein. Er war ein menschliches Wesen, das sich selber vervollkommnete und lehrte, dass wir dies auch können. wenn wir seinem Beispiel folgen.

Wenn Buddha kein Gott ist, warum beten die Menschen ihn dann an?

Es gibt verschiedene Arten der Verehrung. Wenn Menschen einen Gott verehren, so preisen sie ihn oder bringen ihm Opfer dar und bitten um seine Gnade. Sie glauben, der Gott wird ihren Lobpreis hören, die Gaben entgegennehmen und ihre Gebete erhören. Buddhisten praktizieren diese Art Verehrung nicht. Eine andere Art von Verehrung ist die, wenn jemandem oder etwas, den oder das wir bewundern, Respekt gezollt wird. Wenn ein Lehrer einen Raum betritt, stehen wir auf; wenn wir einen Würdenträger treffen, geben wir ihm die Hand, und wenn eine Nationalhymne gespielt wird, salutieren wir. All dies sind Gesten der Verehrung, der Bewunderung und des Respekts. Das ist die Art Verehrung, die Buddhisten praktizieren. Eine Buddha-Statue, die die Hände sanft in den Schoß gelegt hat, und ihr barmherziges Lächeln erinnern uns daran, danach zu streben, in uns selbst Frieden und Liebe zu entwickeln. Der Duft des Weihrauchs erinnert uns an den nachhaltigen Einfluss der Tugend; die Lampen erinnern uns an das Licht des Wissens und die Blumen, die bald verwelken und sterben, erinnern uns an die Vergänglichkeit. Wenn wir uns verbeugen, drücken wir dem Buddha unseren Dank für das aus, was er uns durch seine Lehren gegeben hat. Dies ist die Bedeutung der buddhistischen Verehrung.

Manche Menschen sagen aber, Buddhisten verehren Götzen.

Solche Aussagen zeigen nur das falsche Verständnis, das diese Personen haben. Das Wörterbuch definiert einen Götzen als ein „Bild oder eine Statue, die als Gott verehrt wird". Wie wir sehen, glauben Buddhisten nicht, dass der Buddha ein Gott war. Warum sollten sie also glauben, ein Stück Holz oder Metall wäre ein Gott? Alle Religionen verwenden Symbole, um ihre verschiedenen Glaubensinhalte zu repräsentieren. Im Taoismus wird das Ying-Yang-Zeichen verwendet, um die Harmonie zwischen den Gegensätzen zu symbolisieren. In der Sikh-Religion symbolisiert das Schwert den spirituellen Kampf. Im Christentum symbolisiert der Fisch die Gegenwart Christi und das Kreuz seinen Opfertod. Im Buddhismus erinnert uns die Statue des Buddha an die menschliche Dimension seiner Lehren. Sie erinnert uns daran, dass der Buddhismus auf den Menschen und nicht auf einen Gott ausgerichtet ist, und dass wir nach innen statt nach außen schauen müssen, um Vollkommenheit und Einsicht zu finden.

Daher ist es ebenso abwegig, zu sagen, dass Buddhisten Götzen verehren wie zu sagen, dass Christen Fische oder geometrische Figuren verehren.

Warum gibt es so viele verschiedene Arten von Buddhismus?

Es gibt viel verschiedene Arten von Zucker – braunen Zucker, weißen Zucker, Kandiszucker, Sirup und Puderzucker. Aber all das ist Zucker und schmeckt süß. Er wird auf verschiedene Art hergestellt, so dass er auf verschiedene Arten genutzt werden kann. Mit dem Buddhismus ist es ebenso: Es gibt den Theravada-Buddhismus, den Zen-Buddhismus, den Pure-Land-Buddhismus, den Yogacara-Buddhismus und den Vajarayana-Buddhismus. Es handelt sich bei allen um die Lehren Buddhas, und alle haben denselben Geschmack: den Geschmack der Freiheit. Der Buddhismus hat sich in unterschiedlichen Formen entwickelt, um sich an die verschiedenen Kulturen, in denen er besteht, anzupassen. Er wurde über die Jahrhunderte immer wieder neu interpretiert und hat sich so an jede neue Generation angepasst. Äußerlich mögen die verschiedenen Arten von Buddhismus sehr verschieden wirken. Aber im Zentrum all dieser Arten stehen die Vier Edlen Wahrheiten und der Edle Achtfache Pfad. Alle großen Religionen, einschließlich des Buddhismus, haben sich in Schulen und Sekten aufgespalten. Im Unterschied zu anderen Religionen sind die verschiedenen Schulen im Buddhismus aber immer sehr tolerant und freundlich miteinander umgegangen.

Einige Menschen sagen, dass alle Religionen gleich sind. Würden Sie dem zustimmen?

Die Religion ist ein viel zu komplexes und verschiedenartiges Phänomen, als dass sie durch eine so nette kleine Aussage zusammengefasst werden könnten. Ein Buddhist würde vielleicht sagen, dass diese Aussage sowohl falsche als auch wahre Elemente enthält. Der Buddhismus lehrt, dass es keinen Gott gibt, während das Christentum z.B. lehrt, dass es einen Gott gibt. Ich denke, dass das ein bedeutender Unterschied ist. Aber eine der schönsten Passagen der Bibel lautet:

„Wenn ich in den Sprachen der Menschen und Engel redete, hätte aber die Liebe nicht, wäre ich dröhnendes Erz oder eine lärmende Pauke. Und wenn ich prophetisch reden könnte und alle Geheimnisse wüsste und alle Erkenntnis hätte; wenn ich alle Glaubenskraft besäße und Berge damit versetzen könnte, hätte aber die Liebe nicht, wäre ich nichts. Und wenn ich meine ganze Habe verschenkte und wenn ich meinen Leib dem Feuer übergäbe, hätte aber die Liebe nicht, nützte es mir nichts.

Die Liebe ist langmütig, die Liebe ist gütig. Sie ereifert sich nicht, sie prahlt nicht, sie bläht sich nicht auf. Sie handelt nicht ungehörig, sucht nicht ihren Vorteil, lässt sich nicht zum Zorn reizen, trägt das Böse nicht nach. Sie freut sich nicht über das Unrecht, sondern freut sich an der Wahrheit. Sie erträgt alles, glaubt alles, hofft alles, hält allem stand. Die Liebe hört niemals auf."

1. Korinther 13,7

Genau das lehrt der Buddhismus – dass die Qualität unseres Herzens wichtiger ist als alle übernatürlichen

Kräfte, die wir haben können, z.B. unsere Fähigkeit, die Zukunft vorauszusagen, die Kraft unseres Glaubens oder jegliche außergewöhnlichen Handlungen, die wir vielleicht tätigen. Betrachtet man also die theologischen Konzepte und Theorien, so unterscheiden sich Buddhismus und Christentum sicher voneinander. Betrachtet man dagegen die Qualitäten des Herzens, die Ethik und das Verhalten, so sind sie sich sehr ähnlich.

Ich habe gelesen, Buddhismus wäre nur eine Art von Hinduismus. Stimmt das?

Nein, das ist er nicht. Der Buddhismus und der Hinduismus teilen sich viele ethischen Grundsätze, und sie verwenden teilweise dieselbe Terminologie wie die Wörter *Karma, Samadhi* und *Nirwana*. Außerdem haben beide ihren Ursprung in Indien. Deshalb denken manche Menschen, dass sie übereinstimmen oder sich sehr ähnlich sind. Schauen wir jedoch hinter die oberflächlichen Ähnlichkeiten, sehen wir zwei Religionen, die ausgesprochen unterschiedlich sind. Hindus glauben zum Beispiel an einen obersten Gott, was die Buddhisten nicht tun. Eine zentrale Lehre der hinduistischen Sozialphilosophie ist das Kastenwesen, das der Buddhismus entschieden ablehnt. Die rituelle Reinigung ist im Hinduismus eine wichtige Praxis, hat im Buddhismus aber keinen Platz. In den buddhistischen

Schriften kritisiert der Buddha oft das, was die Brahmins, die hinduistischen Priester, lehrten. Und diese standen wiederum einigen seiner Lehren sehr kritisch gegenüber. Dies wäre nicht der Fall, wenn Buddhismus und Hinduismus dasselbe wären.

Welche sind die Hauptlehren des Buddhas?

Die vielen Lehren des Buddhas sind auf die Vier Edlen Wahrheiten zentriert, so wie sich die Felge und die Speichen eines Rades um die Nabe zentrieren. Sie werden die „Vier" genannt, weil es vier dieser Wahrheiten gibt. Sie werden „edel" genannt, weil sie denjenigen edel machen, der sie versteht. Und sie werden „Wahrheiten" genannt, weil sie der Realität entsprechen und somit wahr sind.

Was besagt die Erste Edle Wahrheit?

Die Erste Edle Wahrheit besagt, dass das Leben Leiden ist. Leben heißt Leiden. Es ist unmöglich, zu leben, ohne irgendeine Art Schmerz oder Sorge zu erleben. Wir müssen körperliches Leid wie Krankheit, Verletzung, Müdigkeit, Altern und schließlich den Tod ertragen. Wir müssen auch psychisches Leid wie Einsamkeit, Frustration, Angst, Beschämung, Enttäuschung, Wut, Trauer etc. ertragen.

Was besagt die Zweite Edle Wahrheit?

Die Zweite Edle Wahrheit ist, dass Begehren alles Leid verursacht. Wenn wir auf psychisches Leid schauen, ist es leicht, zu sehen, wie dieses durch Begehren verursacht wurde. Wenn wir etwas haben möchten, es aber nicht bekommen können, sind wir enttäuscht oder frustriert. Wenn wir erwarten, dass jemand unsere Erwartungen erfüllt, fühlen wir uns im Stich gelassen und sind ärgerlich, wenn er es nicht tut. Möchten wir, dass andere uns mögen, sie es aber nicht tun, sind wir verletzt. Selbst dann, wenn wir etwas haben möchten und es bekommen können, führt dies oft nicht zu Glück. Denn nach kurzer Zeit wird diese Sache langweilig, wir verlieren das Interesse daran und wünschen uns etwas anderes. Einfach ausgedrückt besagt die Zweite Edle Wahrheit, dass das Erreichen dessen, was wir wollen, kein Glück garantiert. Anstatt ständig danach zu trachten, das zu bekommen, was wir möchten, soll man versuchen, das Begehren zu ändern. Das Begehren beraubt uns der Zufriedenheit und des Glücks.

Was besagt die Dritte Edle Wahrheit?

Die Dritte Edle Wahrheit ist, dass das Leid überwunden werden und Glück erreicht werden kann. Diese ist vielleicht die wichtigste der Vier Edlen Wahrheiten, weil der Buddha uns darin zusichert, dass wahres Glück und wahre Zufriedenheit möglich sind. Geben wir sinnloses Begehren auf und lernen, jeden Tag zu leben, ihn zu genießen, ohne rastlos die Erfahrungen zu wünschen, die das Leben uns bietet, geduldig ohne Angst, Hass und Wut die Probleme ertragen, die das Leben beinhaltet, dann werden wir glücklich und frei. Dann, und nur dann, können wir voll und ganz leben. Weil wir nicht länger davon besessen sind, unsere eigenen egoistischen Wünsche zu erfüllen, finden wir viel Zeit, um anderen zu helfen, ihre Bedürfnisse zu stillen. Dieser Zustand wird Nirwana genannt.

Was oder wo ist Nirwana?

Das Nirwana ist eine Dimension, die jenseits von Zeit und Raum liegt und somit ist es schwierig, darüber zu sprechen oder überhaupt nur darüber nachzudenken. Denn Worte und Gedanken sind lediglich geeignet, die Zeit-Raum-Dimension zu beschreiben. Aber da das Nirwana jenseits der Zeit liegt, gibt es dort keine Bewegung, keine Reibung und somit kein Altern oder Sterben. Somit ist Nirwana ewig. Da es jenseits des Raums liegt, gibt es keine Kausalität, keine Grenzen, kein Konzept eines Selbst oder Nicht-Selbst. Deshalb ist Nirwana unendlich. Der Buddha hat uns auch versichert, dass Nirwana eine Erfahrung großen Glücks ist. Er sagte:

> *„Nirvana ist das höchste Glück."*
> *Dhammapada, Vers 204*

Was besagt die Vierte Edle Wahrheit?

Die Vierte Edle Wahrheit ist der Pfad zur Überwindung des Leidens. Dieser Pfad wird der Edle Achtfache Pfad genannt. Er besteht aus rechter Einsicht, rechtem Denken, rechter Rede, rechtem Handeln, rechtem Lebenserwerb, rechter Anstrengung, rechter Achtsamkeit und rechter Versenkung. Das buddhistische Leben besteht aus der Übung dieser acht Dinge, bis sie vollkommen sind. Sie werden bemerken, dass die Schritte auf dem Edlen Achtfachen Pfad alle Lebensbereiche abdecken: den intellektuellen, ethischen, sozialen, wirtschaftlichen sowie den psychologischen Bereich. Von daher enthält er alles, was ein Mensch benötigt, um ein gutes Leben zu leben und sich spirituell zu entwickeln.

In anderen Religionen werden die Vorstellungen von richtig und falsch von dem abgeleitet, was ihr Gott oder ihre Götter geboten haben. Die Buddhisten glauben nicht an einen Gott. Woher wissen Sie dann, was richtig und was falsch ist?

Alle Gedanken, Worte oder Taten, die in Gier, Hass und Verblendung wurzeln und uns damit vom Nirwana wegführen, sind schlecht. Und alle Gedanken, Worte oder Taten, die im Geben, in der Liebe und in der Weisheit wurzeln und uns somit helfen, den Weg ins Nirwana zu erleuchten, sind gut. Will man in Religionen, die auf einen Gott bezogen sind, wissen, was richtig oder falsch ist, muss man nur das tun, was geboten ist. In einer auf den Menschen bezogenen Philosophie und Lebensorientierung wie dem Buddhismus müssen Sie, um zu wissen, was richtig oder falsch ist, ein *tiefes Selbstverständnis* und eine *tiefe Selbsterkenntnis* entwickeln. Und eine Ethik, die auf Verständnis beruht, ist immer stärker als die, die die Antwort auf ein Gebot sind. Um also zu wissen, was richtig oder falsch ist, schaut der Buddhist auf drei Dinge: die Absicht hinter der Handlung, die Wirkung, die die Handlung auf einen selber hat und die Wirkung, die die Handlung auf andere hat. Ist die Absicht gut (auf Großzügigkeit, Liebe und Weisheit gegründet), hilft sie mir selber (großzügiger, liebender und weiser zu werden) und hilft sie anderen (großzügiger, liebender und weiser zu werden), dann sind meine Taten und Handlungen heilsam, gut und moralisch. Natürlich gibt es viele Varianten dieser Erkenntnis. Manchmal handele ich in guter Absicht, aber weder mir noch anderen kommt das zugute. Manchmal sind meine Absichten nicht gut, aber meine Handlung hilft anderen dennoch. Manchmal handele ich in guter Absicht, und meine Handlungen helfen mir, führen aber vielleicht bei anderen zu Leid. In diesen Fällen sind meine Handlungen eine Mischung aus gut und weniger gut. Sind die Absichten aber schlecht, und die Handlung hilft weder mir noch anderen, ist eine Handlung schlecht. Und wenn meine Absicht gut ist, und meine Handlung sowohl mir als auch anderen hilft, dann ist die Tat immer gut.

Hat der Buddhismus also einen Moralkodex?

Ja, er hat einen Moralkodex. Die Fünf Tugendregeln bilden die Grundlage der buddhistischen Moral. Die Erste Tugendregel besagt, dass keine Lebewesen getötet oder verletzt werden sollen; die Zweite besagt, dass man nicht stehlen soll; die Dritte besagt, dass sexuelle Verfehlungen vermieden werden sollen; die Vierte besagt, dass man nicht lügen soll und die Fünfte Tugendregel besagt, dass man keinen Alkohol und sonstige berauschenden Drogen zu sich nehmen soll.

Die Dritte Tugendregel besagt, dass wir sexuelles Fehlverhalten vermeiden sollen. Was ist sexuelles Fehlverhalten?

Wenn wir andere mit einer List, emotionaler Erpressung oder Gewalt dazu bringen, Sex mit uns zu haben, dann kann dies als sexuelles Fehlverhalten angesehen werden. Auch Ehebruch ist eine Form sexuellen Fehlverhaltens, denn bei der Eheschließung haben wir unserem Ehepartner versprochen, ihm treu zu sein. Begehen wir Ehebruch, brechen wir dieses Versprechen und missbrauchen das Vertrauen des Ehepartners. Sex sollte ein Ausdruck von Liebe und Intimität zwischen zwei Menschen sein. Ist er das, trägt er zu unserem mentalen und emotionalen Wohlbefinden bei.

Aber was ist mit der Vierten Tugendregel? Ist es möglich, zu leben, ohne zu lügen?

Wenn es wirklich unmöglich ist, in der Gesellschaft angenommen zu werden oder Geschäfte zu betreiben, ohne zu lügen, dann sollte ein solcher schockierender Zustand der Dinge geändert werden. Der Buddhist ist jemand, der versucht, Probleme praktisch anzugehen, indem er versucht, vertrauensvoll und ehrlich zu sein.

Die Fünfte Tugendregel besagt, dass wir keinen Alkohol trinken und keine Drogen nehmen sollen? Warum?

Die Menschen trinken nicht wegen des Geschmacks. Wenn sie alleine trinken, ist es, um Stress abzubauen. Trinken sie in Gesellschaft, ist es meistens, um sich anzupassen. Selbst eine kleine Menge Alkohol vernebelt das Bewusstsein und stört die Selbstwahrnehmung. In großen Mengen getrunken, können die Auswirkungen sogar verheerend sein. Die Buddhisten sagen, dass, wenn man die Fünfte Tugendregel bricht, man schnell auch die anderen Tugendregeln bricht.

Die Fünf Tugendregeln sind etwas Negatives. Sie schreiben vor, was man nicht tun soll. Sie sagen aber nicht, was man tun soll.

Die fünf Tugendregeln sind die Grundlage der buddhistischen Moral. Sie sind nicht der gesamte Buddhismus. Wir beginnen damit, unser negatives Verhalten zu erkennen und streben danach, es zu verbessern. Dafür sind die Fünf Tugendregeln da. Haben wir einmal aufgehört, falsch zu handeln, beginnen wir, Gutes zu tun. Nehmen Sie zum Beispiel die Vierte Tugendregel. Der Buddha sagt, dass wir beginnen sollen, indem wir keine Lügen mehr erzählen. Danach sollten wir die

Wahrheit sagen, nett, höflich und zum richtigen Zeitpunkt sprechen.

Woher kommen wir Menschen und wohin gehen wir?

Es gibt drei mögliche Antworten auf diese Frage. Wer an einen Gott oder Götter glaubt, behauptet normalerweise, dass Menschen nicht existierten, bevor sie geschaffen wurden. Sie werden durch den Willen eines Gottes geschaffen. Sie leben ihr Leben, und je nachdem, was sie glauben oder während ihres Lebens getan haben, kommen sie entweder in den Ewigen Himmel oder in die Ewige Hölle. Es gibt andere, Humanisten und Wissenschaftler, die behaupten, das Individuum würde bei der Empfängnis durch natürliche Ursachen entstehen, es lebt und hört dann mit dem Tod auf zu existieren. Der Buddhismus akzeptiert weder die eine noch die andere Erklärung. Die erste verursacht viele ethische Probleme. Wenn ein guter Gott uns tatsächlich alle erschafft, ist es schwer zu erklären, warum so viele Menschen mit schrecklichen Entstellungen geboren werden und warum es so viele Fehl- oder Totgeburten gibt. Ein weiteres Problem bei der theistischen Erklärung ist, dass es sehr ungerecht erscheint, jemanden ewige Höllenqualen erleiden zu lassen für das, was er in nur 60 oder 70 Jahren auf der Erde getan hat.

60 oder 70 Jahre Nichtglauben oder unmoralisches Leben verdient keine ewige Folter. Ebenso erscheinen 60 oder 70 Jahre tugendhaftes Leben eine sehr geringe Zeitspanne für ewige Glückseligkeit im Himmel. Die zweite Erklärung ist besser als die erste und wird durch mehr wissenschaftliche Beweise gestützt. Aber auch sie lässt wichtige Fragen unbeantwortet: Wie kann sich ein so wunderbar komplexes Phänomen wie das menschliche Bewusstsein aus dem einfachen Verschmelzen von Sperma und Ei entwickeln, und das in nur neun Monaten? Und jetzt, wo die Parapsychologie ein anerkannter Zweig der Wissenschaft ist, passen Phänomene wie die Telepathie immer weniger in das materialistische Modell des Verstandes.

Wie geht das Bewusstsein von einem Körper in den nächsten über?

Stellen Sie es sich wie Radiowellen vor. Radiowellen bestehen weder aus Worten noch aus Musik, sondern aus Energie in verschiedenen Frequenzen, werden ausgestrahlt, bewegen sich durch den Raum, werden vom Empfänger angezogen und aufgenommen, von dem sie dann als Worte und Musik übertragen werden. Mit dem Bewusstsein ist es ähnlich. Wenn man stirbt, bewegt sich geistige Energie durch den Raum, wird von dem befruchteten Ei angezogen und aufgenommen.

Während der Embryo wächst, zentriert er sich auf das Gehirn, wo er später als neue Persönlichkeit „ausstrahlt".

All dies klingt intellektuell zufriedenstellend, aber ich muss zugeben, dass ich immer noch ein bisschen skeptisch bin.

Das ist schon in Ordnung. Der Buddhismus verlangt keinen absoluten Glauben in alle Konzepte, wenn es dem eigenen Verständnis entgegensteht. Worin liegt der Sinn, jemanden zu zwingen, etwas zu glauben, wenn er im Herzen nicht glauben kann? Man kann immer noch die Dinge praktizieren, die man hilfreich findet, die Ideen annehmen, die man versteht und von ihnen profitieren, ohne an die Wiedergeburt zu glauben. Wer weiß? Mit der Zeit erkennt man vielleicht die Wahrheit der Wiedergeburt.

Was ist Meditation?

Meditation ist ein bewusstes Bemühen, die Art zu verändern, wie der Verstand arbeitet. Das Pali-Wort für Meditation ist *Bhavana*, und es bedeutet: „wachsen lassen" oder „entwickeln".

Ist Meditation wichtig?

Ja, sie ist wichtig. Egal, wie gut wir sein möchten: Wenn wir das Verlangen, das uns so handeln lässt, wie wir es tun, nicht beeinflussen können, wird eine Veränderung schwierig. Ein Mann kann zum Beispiel erkennen, dass er ungeduldig zu seiner Frau ist und sich selber versprechen: „Von nun an bin ich nicht mehr so ungeduldig." Aber eine Stunde später schreit er seine Frau vielleicht an, einfach, weil er sich seiner selbst nicht bewusst war und die Ungeduld entstand, ohne dass er es merkte. Meditation hilft, das Bewusstsein und die Energie zu entwickeln, um tief verwurzelte mentale Verhaltensmuster zu verändern.

Wie viele Arten von Meditation gibt es?

Der Buddha lehrte viele verschiedene Arten von Meditation. Jede davon wurde entwickelt, um ein bestimmtes Problem zu überwinden oder einen bestimmten Geisteszustand zu entwickeln. Die beiden üblichsten und nützlichsten Arten von Meditation sind die Achtsamkeit beim Atmen, *Anapana sati*, und die Meditation der Liebende Güte, *Metta bhavana*.

Sie sagen demnach, dass wir anderen am besten helfen können, nachdem wir uns selbst geholfen haben. Ist das nicht etwas egoistisch?

Altruismus ist die Sorge um andere vor der Sorge um mich selber. Wir sehen in ihm das Gegenteil von Egoismus, der Sorge um mich vor der Sorge um andere. Der Buddhismus betrachtet nicht entweder das eine oder das andere, sondern eine Mischung aus beiden. Echte Selbstsorge reift langsam zur Sorge um andere, da man sieht, dass andere eigentlich genauso sind wie wir. Das ist echtes Mitgefühl. Mitgefühl ist der schönste Juwel in der Krone der Lehren des Buddhas.

Muss man Mönch oder Nonne sein, um erleuchtet zu werden?

Selbstverständlich nicht. Einige der vollkommensten Anhänger des Buddhas waren Laien. Einige waren spirituell so weit entwickelt, dass sie Mönche lehrten. Im Buddhismus ist der Grad des eigenen Verständnisses das Wichtigste. Und das hat nichts damit zu tun, ob man ein gelbes Gewand oder Jeans trägt, ob man in einem Kloster oder im eigenen Haus lebt. Manche sind der Ansicht, dass das Kloster mit allen seinen Vor- und Nachteilen die beste Umgebung ist, um die Spiritualität zu entwickeln. Andere werden das Zuhause mit seinen Freuden und Sorgen bevorzugen. Jeder ist anders.

Warum tragen buddhistische Mönche und Nonnen gelbe Gewänder?

Wenn die alten Inder in den Dschungel schauten, konnten sie immer genau sagen, welche Blätter von den Bäumen fallen werden, weil sie gelb, orange oder braun waren. Folglich wurde in Indien gelb zur Farbe der Entsagung. Die Gewänder der Mönche und Nonnen sind gelb, so dass sie ständig daran erinnert werden, wie wichtig es ist, nicht an etwas zu hängen, loszulassen, aufzugeben.

Warum rasieren sich die Mönche und Nonnen ihren Kopf kahl?

Normalerweise achten wir sehr auf unsere Erscheinung, insbesondere auf unsere Haare. Frauen finden es sehr wichtig, eine gute Frisur zu haben, und Männer machen sich Sorgen, kahl zu werden. Die Haarpflege nimmt sehr viel Zeit in Anspruch. Durch das Rasieren ihrer Köpfe haben die Mönche und Nonnen mehr Zeit für die Dinge, die wirklich wichtig sind. Außerdem symbolisiert ein kahl geschorener Kopf, dass man mehr auf den inneren Wandel als auf die äußere Erscheinung achtet.

Ich habe gehört, es gäbe keine buddhistischen Nonnen mehr. Stimmt das?

Der Buddha hat den Nonnenorden zu Lebzeiten gegründet. Die Nonnen spielten fünf- bis sechshundert Jahre eine wichtige Rolle bei der Verbreitung und der Entwicklung des Buddhismus. Aber aus ungeklärten Gründen erlangten Nonnen nie dieselbe Achtung oder erhielten dieselbe Unterstützung wie die Mönche. In Indien und Südostasien starb der Orden aus. In Taiwan, Korea und Japan dagegen blühte der Nonnenorden weiter. Heute werden in Sri Lanka wieder Schritte unternommen, den Orden mit Nonnen aus Taiwan wieder einzuführen, obwohl Traditionalisten nicht begeistert darüber sind. Wenn man aber die ursprüngliche Absicht des Buddhas weiter verfolgen möchte, ist es nur folgerichtig, dass Frauen ebenso wie Männer die Möglichkeit haben, im Kloster zu leben und davon zu profitieren.

Wann kam der Buddhismus in den Westen?

Die ersten westlichen Menschen, die Buddhisten wurden, waren wahrscheinlich die Griechen, die nach der Invasion Indiens durch Alexander den Großen im 3. Jahrhundert v.Ch. dorthin auswanderten. Eines der wichtigsten buddhistischen Bücher des Altertums, das *Milindapanha*, besteht aus einem Dialog zwischen dem indischen Mönch Nagasena und dem indo-griechischen König Milinda. Später, am Ende des 19. Jahrhunderts, begann der Buddhismus, im Westen Bewunderung und Respekt auf sich zu ziehen. Einige Gelehrte begannen, die buddhistischen Schriften zu übersetzen und über den Buddhismus zu schreiben. Im frühen 20. Jahrhundert nannten sich einige westliche Menschen Buddhisten, und ein oder zwei von ihnen wurden sogar Mönche. Seit den 1960er Jahren hat die Zahl der Buddhisten im Westen ständig zugenommen, und heute stellen sie eine kleine, aber wichtige Minderheit in vielen westlichen Ländern.

Können Sie etwas über die verschiedenen Arten des Buddhismus sagen?

In seiner Blütezeit gab es den Buddhismus von der Mongolei bis zu den Malediven, von Balch (Stadt in Afghanistan) bis Bali. So musste er Menschen vieler verschiedener Kulturen ansprechen. Außerdem hat er viele Jahrhunderte Bestand und musste sich an die Entwicklung des sozialen und intellektuellen Lebens der Menschen anpassen. Folglich änderte sich seine Form nach außen stark, auch wenn die Essenz des *Dharma* dieselbe blieb. Heute gibt es drei Hauptrichtungen des Buddhismus – Theravada, Mahayana und Vajrayana.

Die Institution der Klöster ist im Buddhismus wichtig. Was ist der Sinn von Mönchen und Nonnen und was wird von ihnen erwartet?

Mit der Gründung der Mönch- und Nonnenorden wollte der Buddha eine Umgebung schaffen, in der die spirituelle Entwicklung einfacher würde. Die Gemeinschaft der Laien versorgt die Mönche und Nonnen, damit sie ihre grundlegenden Bedürfnisse stillen können, d.h. Essen, Kleider, Unterkunft und Medikamente. So können diese ihre Zeit dem Studium und der Praxis des *Dharma* widmen. Der geordnete und einfache Lebensstil des Klosters ist dem inneren Frieden und der Meditation zuträglich. Im Gegenzug wird von den Mönchen und Nonnen erwartet, dass sie ihr Wissen an die Gemeinschaft weitergeben und als Beispiel dafür dienen, wie gute Buddhisten leben sollten. In der Praxis geht diese grundlegende Mission mittlerweile weit über das hinaus, was der Buddha ursprünglich beabsichtigte. Heute arbeiten Mönche und Nonnen manchmal als Lehrer, Sozialarbeiter, Künstler, Ärzte oder sogar Politiker. Einige sind der Meinung, dass dies in Ordnung ist, wenn es hilft, den Buddhismus weiter zu verbreiten. Andere wiederum glauben, dass die Mönche und Nonnen dabei zu leicht in weltliche Probleme hineingezogen werden und vergessen, warum sie ursprünglich ins Kloster eingetreten sind.

Was ist Theravada?

Der Name Theravada bedeutet „Die Lehren der Älteren" und basiert im Wesentlichen auf dem Pali-Tipitaka, den ältesten und vollständigsten Aufzeichnungen der Lehren des Buddhas. Theravada ist eine eher konservative und klosterorientierte Form des Buddhismus, die die Grundlagen des *Dharma* betont und zu einem einfachen und enthaltsamen Ansatz tendiert. Theravada wird heutzutage hauptsächlich in Sri Lanka, Myanmar, Thailand, Laos und Kambodscha praktiziert.

Was ist der Mahayana-Buddhismus?

Ungefähr im 1. Jahrhundert v.Ch. wurden einige der Auswirkungen der Lehren des Buddhas näher untersucht. Die Gesellschaft hatte sich weiter entwickelt, so dass neue und aktuellere Auslegungen der Lehren benötigt wurden. Die vielen Schulen, die aus diesen neuen Entwicklungen und Interpretationen entstanden waren, wurden kollektiv „Mahayana" genannt, was „Der Große Weg" bedeutet. Sie behaupteten, für jedermann bedeutend zu sein, nicht nur für die Mönche und Nonnen, die der Welt entsagten. Mahayana wurde schließlich zur vorherrschenden Form des Buddhismus in Indien und wird heute in China, Korea, Taiwan, Vietnam und Japan praktiziert. Einige Theravada-Anhänger meinen, dass Mahayana eine Entstellung der Lehren des Buddhas sei. Aber die Vertreter des Mahayana stellen heraus, dass der Buddha Änderungen als eine der grundlegendsten aller Wahrheiten anerkannte und dass ihre Interpretation des Buddhismus ebenso wenig eine Entstellung des Dharma darstellt, wie eine Eiche eine Entstellung einer Eichel darstelle.

Auf eine wesentliche Besonderheit des Thevarada-Buddhismus in Myanmar sei abschließend hingewiesen:
Das Ziel des Thevarada-Buddhismus ist, die „Lehre der Alten" möglichst treu zu bewahren und zu verbreiten. So gibt es auch keine buddhistischen Gelehrten, die auf dem Gebiet der buddhistischen Lehre besonders originelle Gedanken entwickelt hätten – wie in Indien oder Japan. Andererseits gibt es eine Reihe von Mönchen, die ihren Landsleuten die Vipassana-Meditation besonders eindrücklich und klar nahe brachten und darüber hinaus auch ins Ausland getragen haben (14).

Ausgewähltes Schrifttum über Buddhismus und Religionen in Myanmar

1) Nat (Geist) (de.wikipedia.org/wiki/Nat_(Geist)

2) Myanmar (de.wikipedia.org/wiki/Myanmar) 3.3 Religion (12.10.2013)

3) Dhammika, Shravasti (2006): *Good question, good answer*. Buddha Dhamma Mandala Society, Singapore

4) Porsche-Ludwig, Markus; Bellers, Jürgen (2012): Religion in Myanmar, Religion und deren Geschichte. In: *Handbuch der Religionen*. Im Internet: www.bautz.de (15.12.2014)

5) Buddhismus in Burma: en.wikipedia.org/wiki Buddhism_in_Burma (23.09.2013)

6) Religion in Burma: en.wikipedia.org/wiki/Religion_in_Burma (23.09.2013)

7) Bechert Heinz; Gombrich, Richard (Hrsg.) (1984): Das Lieblingsvolk Buddhas: Buddhisten in Birma. In: *Der Buddhismus, Geschichte und Gegenwart*. C. H. Beck, München

8) Löwenstein, Tom (2012): Der Buddhismus, Philosophie und Meditation, 2001 in Thema: *Weltreligionen: Buddhismus*. Klettverlag Stuttgart

9) Notz, Klaus-Josef (1998): *Das Lexikon des Buddhismus*. Herder Verlag, Freiburg i. B.

10) Loose, Stefan (2012): *Myanmar* (Birma). Nelles Verlag, München

11) Köllner, Helmut; Bruns, Axel (2014): *Myanmar – Burma*. Nelles Verlag, München

12) Baumann, Martin (2001): *Global Buddhism:* Developmental Periods, Regional Histories and a New Analytical Perspektive. Journal of Global Buddhism 2

13) Der Theravada-Buddhismus in Myanmar (Burma): www.buddha- dhamma.de/geschichte_zwoelftens.htm (02.05.2015)

14) Bechert, Heinz (2000): *Buddhismus, Staat und Gesellschaft in den Ländern des Theravada-Buddhismus*. Bd 2: Birma, Kambodscha, Laos, Thailand. C. H. Beck, Göttingen

Sprichwörter Burma: Literatur & Quellen

Erziehungsministerium Myanmar, Abteilung für Myanmarische Sprache (Hrsg., 2010): *Myanmarische Sprichwörter*. Rangun

Thanegi, Ma; Fahr-Becker, Gabriele (2008): *Burma Myanmar. Im Herzen eines unbekannten Landes*. Knesebeck Verlag, München

Schröder, Klaus R.; Noack, Georg (Hrsg.) (2010): *Myanmar erzählt: 25 zeitgenössische Kurzgeschichten*. Edition Reise Know-How Verlag Bielefeld

Stadtner, Donald M. (2011): *Sacred sites of Burma. Myth and Folklore in an Evolving Spiritual Realm*. Bangkok

Schiller, Bernd (2011): *Lesereise Myanmar/Burma. Gute Geister im Land der goldenen Pagoden*. Picus Verlag Wien

Thanegi, Ma (2012): *Pilgerreise in Myanmar*. Unionsverlag Zürich

Zacken, Wolfram (2013): *Burma Myanmar. Kunst, Kultur, Land, Leben, Geschichte, Gegenwart*. Edition Zacken Wien

Schwarzer, Alice; Flitner, Bettina: *Reisen in Burma*. DuMont Buchverlag, Köln 2013

Hlaing, U Myint Soe (2013): *Sprichwörter der Stämme in Myanmar*. Persönliche Zuarbeit zu diesem Buch.

Bildnachweis

Die Bilder auf den Seiten 12, 20, 50, 66, 74, 82, 86 und 92 unterliegen dem Copyright des Fotografen **Bagan Maung Maung**. Sie entstammen seinen Büchern *Photograqpher Guide Myanmar* und *Photograqpher Guide Book Two*. Wir bedanken uns sehr für die freundliche Genehmigung zur Verwendung der Bilder.

Seite 29: pixabay

Seite 44: wikipedia/Ralf-André Lettau

Alle übrigen Bilder stammen aus dem Archiv von Dörthe und Volker Heyse.

Bagan Maung Maung signiert seine Bücher.

HEYSE STIFTUNG
Menschenbilder –
Menschenbildung

HEYSE STIFTUNG

MENSCHENBILDER –
MENSCHENBILDUNG

Stiftungsmotto und -ausrichtung

Die Erschließung und Förderung menschlicher Potenziale in einer sich schnell wandelnden Welt, die individuelle Nutzung der (zum Teil verborgenen) Stärken sowie die Nutzbarmachung der individuellen Potenziale für die Gesellschaft in den verschiedenen Bereichen sind heute und in Zukunft große ethisch-moralische Herausforderungen, denen sich die Stiftung mit dem Stiftungsmotto „Menschenbilder - Menschenbildung" stellt. Das Fundament der Stiftung ist die Überzeugung von dem schier unbegrenzten Reichtum menschlicher Potenziale sowie der Wille, deren lebenslange Entwicklung und Nutzung an konkreten Beispielen zu unterstützen. Das Handlungsfeld ist die Mitmenschlichkeit.

Die Stiftung ist selbstlos tätig. Sie verfolgt nicht in erster Linie eigenwirtschaftliche Zwecke. Sie darf keine juristische oder natürliche Person durch Ausgaben, die dem Zweck der Stiftung fremd sind, oder durch unverhältnismäßig hohe Unterstützungen, Zuwendungen oder Vergütungen begünstigen.

Unser Stiftungszweck

(1) Die Stiftung fördert vielfältige Projekte in den Bereichen Erziehung, Aus- und Weiterbildung.

Dazu werden seitens der Stiftung wissenschaftliche Arbeiten durchgeführt und solche Dritter gefördert. Ein Teilbereich der Arbeit im Bereich der Aus- und Weiterbildung ist das Erkennen der menschlichen Potenziale und deren Entwicklung bei Migranten und Flüchtlingen zwecks besserer Integration. Es werden ferner Modelle, Methoden und konkrete Maßnahmen im Bereich der Erziehung, Aus- und Weiterbildung zur Förderung der Toleranz auf Gebieten der Kultur und des Völkerverständigungsgedanken erarbeitet und in die Öffentlichkeit überführt. Sie verfolgt damit ausschließlich und unmittelbar gemeinnützige Zwecke im Sinne des Abschnitts „Steuerbegünstigte Zwecke" der Abgabenordnung.

(2) Der Stiftungszweck wird insbesondere durch folgende Maßnahmen verwirklicht:

1. Eigene wissenschaftliche Untersuchungen und Förderung von Untersuchungen Dritter im Einklang mit den Förderprojekten der Stiftung.

2. Buch- und andere Veröffentlichungen im In- und Ausland.

3. Entwicklung, Erprobung und praktische Anwendung von Konzepten, Instrumenten und Organisationsformen des Erkennens und Entwickelns/Förderns menschlicher Potenziale (insbesondere von Stärken, Kompetenzen, Talenten).

4. Beteiligung an nationalen und internationalen Ausschreibungen für Gutachten, Forschungs-, Beratungs- und Praxistransferprojekten.

Unser Symbol

Das Symbol der Stiftung ist eine *Spirale*. In der Verbindung mit *Menschenbildern* und *Menschenbildung* gehen wir von folgendem Verständnis aus: Unser Bild vom Menschen umschließt alle denkbaren Annahmen und Überzeugungen darüber, was er von Natur aus ist, wie er in seinem sozialen und materiellen Milieu lebt und welche Werte und Ziele er hat oder haben sollte. Hinter der begrifflichen Abstraktion und hinter unzähligen Theorien liegt jedoch die schier unendliche Vielfalt individueller Menschen und ihrer Lebensläufe – trotz aller fundamentalen, kulturellen Gemeinsamkeiten ist jeder Einzelne ein Unikat mit besonderen Gaben, Anlagen und Talenten. Die Frage, ob diese überhaupt zutage treten, sich entfalten, erblühen und Früchte tragen können, zwingt zum Blick auf Chancen und Möglichkeiten, die eine solche Genese zulassen, befördern und dem Erfolg den Weg ebnen helfen. Doch wie der Weg dorthin niemals ein schnurgerader sein wird, ist auch derjenige, der ihn geht, nicht in starren Momentaufnahmen zu begreifen. Im Fluss von Gewesenem, von Sein und von Werden ziehen Natur und Geist ihre Bahn, entrollt sich darin jedes Menschenbild zur Menschenbildung.

Den Verlauf dieser unendlichen Bewegung drückten bereits die frühesten Kulturen der Menschheit durch das Symbol der Spirale aus. Archimedes gelang es, sie mathematisch zu dechiffrieren, Hildegard von Bingen interpretierte sie mit ihrer Vorstellung „Die Engel fliegen in Spiralen, der Teufel nur geradeaus" spirituell, der Philosoph Hegel goss ihren Symbolgehalt in dialektische Gesetze und Johann Wolfgang von Goethe betrachtete nicht nur den Fortgang der Menschheit, sondern auch den der Wissenschaften in der Poesie einer Spirallinie – „dasselbe kommt wieder, aber höher und weiter".

Als dynamisches Prinzip versinnbildlicht die Spirale auch unser Anliegen am besten: ein Vorwärtskommen, das Bekanntes aufnimmt, in seinem Schöpfertum aber von stets höheren Standpunkten betrachtet und zu neuen Qualitäten führt.

Vorstandvorsitzender:
Prof. Dr. Volker Heyse

Zur Hohen Linie 13
D - 93055 Regensburg

fon +49 (0)941 4613 233
fax +49 (0)941 4613 234

heyse@heysestiftung.de
www.heysestiftung.de

Myanmar erstreckt sich vom 10. bis 30. Längengrad und vom 90. bis 100. Breitenbrad.
Quelle: *ginkomaps.com / CC-BY-3.0*